哈佛的幸福魔法

哈佛最受歡迎的課程

麥冬 著

目錄

第二課

「很多人會認為，成功會帶來更多的幸福。實際上，恰恰相反，幸福其實會帶來更多的成功。就像賽車一樣，車好就會跑得快，而不是跑得快車就好。所以，它中間需要換輪胎、加油等。人也一樣，先讓自己幸福，讓自己的狀態更好，你才會成功。」——泰勒・本・沙哈爾

目錄

第三課

「人生與商業一樣，有贏利和虧損。具體地說，在看待自己的生命時，可以把負面情緒當作支出，把正面情緒當作收入。當正面情緒多於負面情緒時，我們在幸福這一『至高財富』上就贏利了。」——泰勒·本·沙哈爾

第四課

「只要你追隨自己的天賦和內心，你就會發現，生命的軌跡原已存在，它正期待你的光臨。你所經歷的，正是你應擁有的生活。在追求有意義而又快樂的目標時，我們不再是消磨光陰，而是在讓時間閃閃發光。」——泰勒・本・沙哈爾

目錄

第五課 最迫切的解讀——職場上的幸福感／187

「在我看來，公司的獲利增加和員工的幸福感提升是可以同時達到的。但現實的狀況卻往往並不如此。所以，應該提倡的是，公司和員工實現雙贏，兩者都能獲得最大的好處。不管是在道理上，還是在現實中，這都是可能的。」——泰勒・本・沙哈爾

第六課

「首先，要關注自己的優點。其二，肢體上的運動也很重要。其三，多思考。」——泰勒・本・沙哈爾

目錄

前言

幸福的人是令人羨慕的。

不僅因爲他們總是享受著愉悅的狀態，更因爲幸福可以促進他們的成長，幫助其創造性地解決問題，維持其身體健康。

首先，幸福的人更願意和人交往，這樣他們便有可能獲得更多社會資源的支持，如朋友的幫助、同事的支持、領導的賞識等，從而擁有更多發展自身能力的機會；而不幸福的人則傾向於使用某種自我防禦的行爲方式拒絕與他人交往，這會阻礙自身的發展。

此外，幸福的人更可能產生審視自己生活狀況的意願，因此他們會以新的更積極的方式來看待自己及周圍的世界，從而持續不斷地改進自己的生活，使自己更加幸福。

其次，幸福的人總是處於一種積極的情緒狀態，而積極的情緒狀態能夠引發更富有創造性和靈活性的思想和行爲。因此，幸福的人更可能創造性地解決問題，表現出更優的堅持性和靈活性，在問題解決過程中能調用更多的資源，更具有好奇心，更願意在新環境下做出探索行爲等。

最後，幸福與否也會影響人的健康狀況。眾所周知，頻繁的生氣、惱怒、憂鬱會導致人的腸胃疾病、心血管疾病、腦部疾病和皮膚疾病等。在日常生活中，我們也可以發現，那些長壽的老人總是心態平和的、安詳的、滿足的、幸福的。

可見，幸福是多麼重要。

近年來，哈佛大學心理學碩士泰勒·本·沙哈爾主講的「積極心理學」被選爲哈佛最受歡迎的選修課，聽課人數超過了王牌課程「經濟學導論」。該課被師生們譽爲「幸福課」，稱這門課程「改變了他們的人生」。當他們離開教室的時候，都「邁著春天一般的腳步」。幸福課在哈佛引起了前所未有的轟動，而泰勒也被譽爲哈佛大學「最受歡迎的講師」和「人生導師」。

在心理學上，如果要給幸福下個定義，我們可以這樣說：幸福是指人類個體認識到自己需要得到滿足以及理想得到實現時產生的一種情緒狀態，是由需要（包括動機、欲望、興趣）、認知、情感等心理因素與外部誘因的交互作用形成的一種複雜的、多層次的心理狀態。

在心理學研究中，與幸福相關的另一個概念是「主觀幸福感」，它專指評價者根據自定的標準對其生活品質的整體性評估，是衡量個人生活品質的重要綜合性心理指標。當然，在不同的領域，人們也使用一些相似的術語，如：快樂、高興、自我實現、成就感等。很顯然，這些都是與主觀幸福感有著相似內涵的一些代名詞。

本書吸取了哈佛大學「幸福課」的精華，以通俗的語言，將心理學的相關研究與人們的日常生活聯繫在一起，幫助讀者認真地思考人生、反思自己的行為模式，挖掘自身的積極力量，樂觀地面對生活，從而實現幸福達人的完美計畫。

無論我們正處於何種生命狀態：遭遇不幸，經歷變遷；追求卓越，名利雙收；抑或人生正經歷困惑、求索或領悟，我們對生命都要負一個重要的責任——讓自己幸福。

第一課

最簡單的解讀
——幸福就是心靈的平靜

「問問你自己究竟為什麼不快樂？閉上眼睛，回憶自己生活中最幸福的時光，想想那時為什麼那麼幸福？」

——泰勒・本・沙哈爾

只要我們自己有一顆恬靜的心，完全可以手捧一杯清茶，悠然自得地遐想，這時幸福就會蕩漾在心頭；只要我們自己有一顆不老的童心，完全可以在青山綠水之中，盡情地欣賞大自然的傑作，這時幸福也會蕩漾在心頭；只要我們自己有一顆知足的平常心，完全可以感受到生活中的點滴幸福。

讓幸福的心指引你
——總有百分之九十的幸福你可以掌握

生活中，有些人過著平淡的日子，感覺很幸福；有些人成績斐然，卻覺得幸福離自己很遙遠。關於幸福，每個人都有自己的定義，正所謂「仁者見仁，智者見智」。

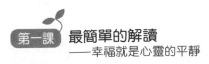

早晨，你和你的家人正在吃早飯。突然，女兒碰翻了桌上的咖啡壺，你的衣服被弄髒了。衣服是上班時要穿的，而早上的時間又很緊張。於是你勃然大怒，指責女兒做事不小心，女兒被嚇得哇哇大哭。指責完女兒，你又轉而責怪妻子將咖啡壺放得離桌沿太近。由此，夫妻之間又免不了一番口角。你氣沖沖地上樓去換衣服，下了樓，卻發現女兒只顧著哭，早飯還沒有吃完，又誤了學校的校車，而妻子也到了上班的時間。

你只好駕車送女兒上學。因爲你上班的時間快到了，所以你將車子開得飛快。你因爲超速駕車，被警察攔住，一來二去花了一刻鐘時間，最後你交了罰金後才得以離開。女兒到了學校後，因爲匆忙，沒有向你說再見。你到了辦公室，已經遲到了二十分鐘，而且還發現公事包落在家裏了。

這一天一開頭就不順，而且事情似乎變得越來越糟糕。你盼望著工作早點結束，可是當你真的回到家，你又發現，你和妻子、女兒之間已經有了一點隔閡。

那麼，這糟糕的一天是怎麼引起的呢？

A咖啡壺引起的

B女兒引起的

C警察引起的

D你自己引起的

答案是D。

咖啡弄髒你的衣服時，你沒有控制好自己，你做出反應的這五秒鐘造成了你這一整天的不順利。

下面是你的另一種反應——

你的衣服被咖啡弄髒了，女兒正要哭，你柔聲說：「哦，寶貝兒，不要哭，你只要下一次小心一點就可以了。」你上樓換衣服，同時拿起公事包，你下樓後，從家裏的窗戶看到女兒蹦蹦跳跳地上了學校的校車。你到辦公室時，離上班時間還差五分鐘，你愉快地和老闆及同事們打招呼。你這一天都是好心情。

這是一篇題爲「你掌控百分之九十的人生」的文章——同樣的事件，不同的結果。爲什麼呢？因爲人生的很多事情，事實只占百分之十，而每個人對事實的反應占了百分之九十。這百分之十的事實我們無法控制，比如汽車拋錨、飛機晚點、天降大雨等，但我們對於這些事實的反應卻是能控制的，而這才是幸福的決定性因素。

你是你的將軍，你是你的統帥，你是你的統治者，儘管你的出生地、升降沉浮等外在因素不能完全被你掌控，但是你可以完全掌控你自己，你可以選擇自己開心快樂，可以選擇自己凡事往好處想，可以選擇知足常樂。

1 或許你不能支配自己的生活，但你的態度能夠使生活發生轉變

如果你想變得沮喪，是不是一下子便能做到呢？相信這對你沒有什麼問題，只要你把注意力放在過去那些令你不快的事情上即可。

如果你希望感到快樂，是不是也可以很快做到呢？

那也是一件很容易的事，只要你把注意力放在過去曾使你快樂的記憶上，記起當時是什麼樣的情形，當時情緒的每個細節，或者把注意力放在目前使你快樂的事情上。你也可以把注意力放在那些還沒有發生的事物上，讓自己能夠預先感受到快樂的情緒。

具體來說，可分爲兩個步驟：

第一，**將你的注意力聚焦到光明面**。

有一位女孩很自卑，自慚形穢，直到三十幾歲還從未交過男朋友。她向一位心理學家請教，心理學家說：「其實你什麼素質都具備，你身上吸引白馬王子的素質一應俱全。」女孩很迷惑，心理學家便邀請她參加星期二在自己家舉行的晚會，並請她幫助招待客人，越自然越好。

這天晚上，女孩穿著得體，笑容可掬，落落大方地迎接、招待來賓，給人們留下了美好的印象，她成了晚會上最受歡迎的人。當晚，有三個英俊的年輕人爭相送她回家。

後來，女孩找到了自己的白馬王子，她非常感謝心理學家。

心理學家說：「其實是你放下了心中的包袱，身心進入了自然而然的狀態，心態好了，潛在的魅力也就放射出了光芒。」

切記，人由心造，你是你自己造就的。

失敗不可怕，只要肯放下自己、認識自己，你就能重新站起來。

德雷莎修女深受美國人民所愛戴，她對磨難有著自己獨到的理解。她經常說：「其實，世上的艱難困苦又何嘗不是俯拾皆是，但如果我們視其為上天恩賜的禮物，那我們的生活就會減少幾許悲觀，平添許多快樂。」

一次，德雷莎乘飛機去紐約，飛機因故障停飛。同行的人都感到失望、沮喪，這時，德雷莎修女說：「我們今天得到了一份小禮物——我們得在這兒等四個小時。」德雷莎修女安之若素，專注地讀起了書。

如果把磨難當成磨難，這個磨難就會成為折磨自己的魔鬼；而當你轉換視角，把磨難當成禮物的時候，不就立即放下了包袱，獲得了心靈的解放嗎？

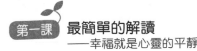

美國魏特利博士是著名的行為學家。一次，他演講結束後匆匆趕回加州，在他抵達機場的時候，飛機已經要起飛了，他拼命地趕往登機門，但入口已經關閉了。他頹然地坐在候機室裏，無奈地等待下一班飛機。約一個小時後，傳來消息：剛才那班飛機墜海，乘客全部遇難。魏特利真是萬幸啊！

後來他一直保留著那張過期的機票，每當遇到不順、挫折時，他總會將那張泛黃的過期機票拿出來看一次。這時，他心中所有的不平與怨氣都會煙消雲散。

第二、全神貫注激發你的內在能量。

一個年邁體弱的老婦，在家中失火的危急時刻，見兒子、兒媳正在熟睡，竟一隻手挾著一個，飛步而出，她驚異於這股神力來自何處？她的兒子、兒媳加起來有一百多公斤；一個農夫見拖拉機壓住了兒子，竟徒手將拖拉機引擎推到一邊，救出了兒子。這樣的事例舉不勝舉。

有這麼一個故事，說的是一個牧師對孩子們許諾，如果誰能背出《聖經．馬太福音》中第五章到第七章的全部內容，他就邀請這個幸運兒到西雅圖的太空針高塔餐廳參加免費聚餐。要知道，這個地方可是孩子們夢寐以求想要進入的高級餐廳啊！

儘管機會來臨了，但一想到要背誦長達幾萬字的《聖經》，大多數孩子都覺得很困難，於是他們匆匆進行嘗試後就放棄了，甚至發出抱怨：「太難了！根本不可能有人靠這樣的方法進入高塔餐廳參加聚餐，牧師在捉弄我們！」

然而，幾天以後，一個平時很不起眼的十一歲男孩來到牧師面前，並依照要求，極為流暢地背誦了全部內容，這讓所有人都跌破了眼鏡，連呼不可思議。

牧師一面讚嘆男孩的驚人天賦，一面詢問他背誦的奧秘。而這個男孩只是微笑著答道：「我竭盡全力！」

不用說，這個不去思考背誦的艱難、竭盡全力的男孩如願進入了西雅圖的太空針高塔餐廳，享受了屬於他的那份美味大餐。

十六年以後，這個習慣了不去思考艱難，只管朝著目標穩步前進的男孩再次驚動世人，成為全球著名軟體公司的老闆，創造出了更多不可思議的財富和智慧。

他的名字就是比爾．蓋茲。

當一個人全神貫注的時候會發生什麼事呢？

當我們全神貫注、全心全意的時候，心的能量就會超常地發揮出來，創造出奇蹟。

她是撞球賽場上最搶眼的女人，完美的手臂線條，婀娜多姿的身段，專注的神情，舉手投足都散發著無法阻擋的魅力，她是球場上冷豔性感的「黑寡婦」。自一九九三年出道至今，她已贏得世界女子撞球協會的十五個冠軍和世界錦標賽的冠軍。她，就是曾蟬聯世界第一的韓裔美籍撞球運動員珍妮特・李。

沒有人會想到，這樣一個在世界競技體育中獨領風騷的女性，從小就經歷了數不清的磨難：四歲得了腫瘤，十一歲腿上生膿腫，十二歲得了脊柱收縮症。脊柱收縮症是一種可怕的疾病，不能站著，不能彎腰，不能走路，只能整天躺在床上。

十三歲時，醫生在她的背部安裝了一個金屬支架，兩根鋼條焊在一起，讓她得以重新站起來。之後，她又因頸部椎間盤突出、肩膀二頭肌肌腱炎等疾病經歷了多次手術，而每一次手術都如同一次生死考驗。她對自己說：

「每個人都有一個十字架要背，上天如此安排，不是為了壓垮我，而是為了讓我在爬起來之後能有柳暗花明的那一天。」

她默默地在黑暗中尋找出路。

十八歲那一年，她遇到了改變她一生的撞球。這個要強的女孩很快便沉醉於這項運動中，每天的練球時間超過十小時。她迷戀撞球簡直到了走火入魔的地步，有一次連續練球達三十七個小時，後來直接躺著被送進了醫院。

為了掌握最完美的架球桿手型，珍妮特每晚上床前都會用塑膠膠帶把手按照標準姿勢固定下來，起床和洗澡也不例外。每天縈繞在她腦海中的只有撞球。

瘋狂的訓練使她的生命在那一刻轉了彎。三年之後，她加入了美國女子職業撞球聯盟（ＷＰＢＡ），第一年就進入了前十名。接下來，她贏得了一項又一項比賽，捧回了一座又一座獎盃，排名急速飆升，很快便登上了世界第一的寶座。

這真是一個奇蹟，一個完全沒有撞球基礎，甚至背部需要金屬支架支撐才能直立行走的人，僅用了五年時間，就迅速超越了很多健全人，在世界球壇一舉奪魁！

很多人都對此難以想像，而她卻給出了這樣的答案：「我首先卸掉了身上無形的十字架，然後用努力卸掉了背上有形的十字架。」

生命賦予我們每個人的，並不只有歡笑，還有貧窮、病痛、失意和淚水。每個人的身上，都有一座十字架要背。當潛藏的暴風雨襲來，你是否能如珍妮特．李一樣，選擇傲視苦難，並一度以勝利者的姿態勇敢地超越它？

當一個人高度集中注意力，全神貫注、全心全意的時候，就會爆發出驚人的能量。由此，我們可以理解爲什麼那些偉大的科學家、思想家、發明家在從事思考和研究時，往往廢寢忘食、樂此不疲。愛迪生、巴斯德在新婚的時候，還情不自禁地跑到實驗室裏做實驗。注意力是思想力、心力的開關，要爆發思想力和心能，就必須提高注意力。

智力是有限的，心力卻是無限的。人人都有這樣的體驗，步行到十里外的地方去見一個重要人物，如果抱著快點去，千萬別晚了的想法，走這並不遠的十里路，就會感到很累；而達到了預期目的，回來的時候，同樣是走這十里路，卻會感到很輕鬆。為什麼？與體力、智力無關，主要是心理上的原因。抱著一種強烈的目的走路，相當於背著沉重的包袱前行，消耗自然就大了；而回來的時候，心裏沒了負擔，身心輕鬆，也就不會感到累了。

因此，一個人的心力影響和決定著一個人的智力、體力的發揮。一個心力弱的人，即使體力、智力再好，也難以成就事業，因為心力的薄弱大大削弱了體力和智力，使之難以充分地發揮效用。這就是為什麼大多數神童的才智都呈遞減規律的主要原因。

鏈結：心想事成四步法

你是否感到身心疲憊？你是否覺得有無法承受的壓力？你是否經常處於亞健康狀態？你是否想擺脫疾病的折磨？你是否對過去的事情無法釋懷？你是否無法化解心底

的怨恨？你想重建你的心靈嗎？

第一，言詞化自我激勵（暗示）。

我們常說「言出必行」，意思是說話要算數，說到就要做到。其實這句話還道出了更深一層的意思，就是語言有著非常明顯的暗示和自我暗示作用。即只要說出來了，就一定會對行為產生影響。因為說也是一種心理強化。無論說的是積極的話還是消極的話（特別是經常說），要想全部抹殺掉它的結果，都是不可能的。

我們都有這樣的經驗，當我們痛苦萬分，無法排遣的時候，只要對人傾訴，痛苦就會減輕許多。另外，當我們為某事誇下海口時，多少也會為該事做出努力，甚至是最大的努力。因為說出來了，就有壓力和動力，就會考慮到言行一致的信譽問題。這就是心理作用，這就是暗示。

在日常生活中，一個經常說消極語言的人，決不會積極向上；反之，積極奮進的人，說的話則大多是積極的。因此，經常用自我激發性的話提醒自己，久而久之，便會融入自己的身心，抑制消極心態，保持積極的態度，形成強大的內動力。

據國內外專家研究，有效的言詞，諸如：我喜歡我自己！我是負責任的！我是最棒的！我一定要成功！今天將有最好的事發生在我身上等，亦可根據各人的實際情況和需要來進行自我設定，總的目的，就是要提高自信、激勵前進、不怕失敗。你也可以經常對著山水、曠野或在屋內高聲喊叫或琅琅頌揚，又或者不停地默誦，日久必見成效。

從表面上看，這似乎有些形式主義，但實際上，形式達到一定的量，就一定能引起質的變化。著名的霍桑實驗表明，生產效率的高低除受作業條件和勞動條件影響外，還在更大程度上取決於士氣的高低。人們往往通過一些特殊的方法，即用某種語言和行為刺激人的心態來調節士氣，使其行為按自己的意志發展。比如，從古到今，軍隊出征前，都要開誓師大會，舉行宣誓。當千軍萬馬用共同的聲音喊出勝利時，這句話就成了一種巨大的能量、一股強大的心理動力。士氣，是軍隊之本。

無論是對自己，還是對別人，我們都要充分運用語言的暗示作用，進行積極暗示。古代有一個很好的暗示例子，就是岳母刺字。如果岳母在岳飛背上刺的字不是精忠報國而是吃喝玩樂，岳飛能否成為抗金英雄就很難說了。

第二，角色假定。

榜樣的力量是無窮的，所以應為自己的人生找一個榜樣——你最想成為的那一個人。如果沒有現成的，也可組合一個，然後做角色假定，這在心理學上叫內模擬，即每時每刻都把自己想像成你所希望的那一個人。不僅言談舉止要像，更重要的是思想行為要像。時常反省自己：如果是他，會這樣想、這樣做嗎？他會怎樣想、怎樣做呢？因為，心態和行為是緊密相連的：積極的心態導致積極的思維和行為，而積極的思維和行為又必然會養成積極的心態。

有一個法國人，四十二歲時仍一事無成，他認為自己簡直倒楣透了：離婚、破產、失業……他不知道自己的生存價值和人生的意義在哪裡。他對自己非常不滿，因此性格變得古怪、易怒，同時又十分脆弱。

有一天，一個吉普賽人在巴黎街頭算命，他便隨意去試了試。吉普賽人看過他的手相之後，說：「您是一個偉人，您很了不起！」

「什麼？」他大吃一驚，「我是個偉人，你不是在開玩笑吧？」

吉普賽人平靜地說：「您知道您是誰嗎？」

「我是誰？」他暗想，「我是個倒楣鬼、窮光蛋，是個被生活拋棄的人！」但他仍然故作鎮靜地問：「我是誰呢？」

「您是偉人。」吉普賽人說，「您知道嗎，您是拿破崙轉世！您身上流的血、您的勇氣和智慧，都是拿破崙的啊！先生，難道您真的沒有發覺，您的面貌也很像拿破崙嗎？」

「不會吧……」他遲疑地說，「我離婚了、破產了、失業了，我幾乎無家可歸！」

「嗨，那是您的過去。」吉普賽人只好說，「您的未來可不得了！如果您不相信，就不用給錢了。不過，五年後，您將是法國最成功的人！因為您就是拿破崙的化身！」

他極不相信地離開了，但心裏卻有了一種從未有過的偉大感覺。他對拿破崙產生了濃厚的興趣，回家後，就想方設法找與拿破崙有關的一切書籍著述來學習。

漸漸地，他發現周圍的環境開始改變了，朋友、家人、同事、老闆，都換了另一種眼光、另一種表情對待他，事情都開始順利起來了。後來他才領悟到，其實一切都沒有變，變的是他自己：他的膽魄、思維模式都在模仿拿破崙，就連走路說話都很像。十三年以後，也就是在他五十五歲的時候，他成了億萬富翁，成了法國赫赫有名的成功人士。

第三，把成功的景象視覺化。

把夢想圖像化，想像成功情景，像播電視劇一樣，每天對自己播放，不斷表達對夢想的信心。一遍又一遍地想，加深印象，默默地對自己講，同時也要向別人表述出來。如果連做夢都不敢，那夢想就真的永遠不能成真了。想像的心理暗示作用和內心塑造功能的效果是十分明顯的。

美國的心理教育家曾做過一個實驗，把某高中籃球隊一群球技不相上下的年輕人分為三組，第一組一個月內不得在球場上練習投籃；第二組一個月內每天在球場練習投籃一小時；而第三組一個月內每天想像練習投籃一小時。一個月後，對三組球員進行同場測試。結果，第一組的投籃平均成績退步了，第二組的平均成績進步了百分之二，以上兩組的結果均在意料之中。出人意料的是第三組（想像練習組），平均成績也一樣進步了百分之二！

想像是最理想的訓練場，那裏有你所需要的一切設備設施、環境條件（而不用花一分錢）。在那裏，你不會有任何失誤，總是勝利者。經常想像成功的景象，必然會養成積極的思維方式，同時使自己的目標更清晰，並在心裏凝固下來。

我們不僅要想像未來成功的情景，還要想像（回憶）過去曾經有過的輝煌，即使只是一次小小的成就、受到的一次小小讚揚。這樣，當我們遇到困難時，過去的成功情形就會立時浮現出來。這是一份內心的鼓勵，它可以使人重獲力量、增加自信、恢復樂觀。切記，應儘量避免回想過去痛苦和失敗的經歷，原因同上。

第四，重複操練，養成習慣。

據研究，一種舉動或行為，只要每天重複操練，廿一天後就可養成習慣。因此，我們可以不斷重複，強化自身的積極因素，使之融入我們的血液，成為自然而然的習慣。

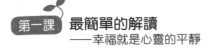

2 自重、自覺、自制——此三者可以引致幸福的崇高境域

英國十九世紀著名的女作家夏洛蒂．勃朗特，在其自傳體小說《簡．愛》中，塑造了一個從小就遭遇了貧窮、疾病、孤獨、責罰、歧視等所有不幸的女孩簡．愛的形象，讓她代表自己來表達一種生活態度——樂觀和自尊。

即使面對連續不停的磨難和挫折，簡．愛仍不卑不亢，保持著優雅的微笑和寬廣的愛心，頑強地應對著世間各種冷酷無情的挑釁。她不為自己缺乏的所謂美貌、權勢、門第而感到不安，而是接受並消化它們帶給自己的一切苦果，努力強化自己的所有優勢。當她發現自己遇到了愛情的時候，儘管愛的魔力讓人失去理智，但她還是對著愛人羅齊斯達先生說出了那段擲地有聲，代表尊嚴和人格的經典名言：

「你以為，就因為我貧窮、我低微、我平凡又瘦小，就沒有靈魂、沒有感情了嗎？你錯了！我的靈魂跟你一樣豐富！我的心跟你一樣充實！如果上帝賜予我美貌和財富，我就要讓你感到難以離開我，就像我現在難以離開你一樣。我現在不是按照習俗和常規和你說話，甚至也不是用肉體跟你說話，而是用我的靈魂跟你的靈魂說話。就像是兩個人穿過墳墓，平等

地站在上帝腳下，因爲我們是平等的！」

聽到了嗎？夏洛蒂借用簡．愛的聲音在告訴世人：儘管每個人生來就有許多差距，但我們的靈魂卻擁有著相同的權利。

該我得到的歡笑和幸福，我絕不同意打折

就像偉大的德國哲學家黑格爾所說的那樣：「人應尊敬自己，並應自視能配得上最高尚的東西。」雖然在現實生活中，大多數人終其一生都難以創造出驚人的成就，可是，只要能把獨立樂觀當作生命應盡的責任和義務，不被俗世觀念擊敗，毫不退縮地去追求，積極釋放自己的能量，就能找到自己的位置。有了堅持和執著，人們才能在艱難中贏得尊敬與機會，創造出自己的奇蹟。

生活艱難的時候，大多數人都習慣接受外力的援助，總是期盼能有上帝或者貴人降臨，幫助自己快速脫離困境。即便後來開始努力補救，但心中仍充滿了怨恨，覺得自己是最不幸、最倒楣的人。這樣的消極心態，是相當不正確的。想想更艱苦的人吧，讓自己站起來的第一個動作就是擦乾眼淚！

俄國作家屠格涅夫說：「自尊自愛，作爲一種力求完善的動力，是一切偉大事業的淵源。」如果一個人被偏見和嘲諷阻撓，喪失了上進的勇氣，那麼旁人給予再多的鼓勵都無濟

於事。

自己不努力，只等著博取別人的同情和幫助是可恥的！施捨和援助只會讓一個人加速軟弱，讓自己徹底變質，淪爲不幸的象徵，同時讓隱藏的破壞更具體、更持續。不因自己的卑微而放棄尊嚴，該說就說，該笑就笑，該唱就唱，這種人才能勇敢地承載所有的考驗，尋找扭轉命運的機會！

兩千五百多年前的希臘，有個談吐不清、又矮又醜的孩子。他先是被人們當成瘋子，後來又被舅舅虐待，在失去疼愛自己的母親後，又被一個壞心眼的牧羊人賣掉，成了奴隸。這個可憐的孩子在各種苦難中成長，最後竟然逐漸能夠正常說話了，而且他還特別喜歡將自己看到的、聽到的各種傳聞編成故事講述出來。

由於他善於向人們展示才華，還曾依靠機智為主人排憂解難，因此，為了獎勵他的博學和聰穎，主人恢復了他的自由，實現了他到各地遊說的願望。

這個不簡單的人，就是著名的寓言家伊索。

每個人都無法選擇自己的出生，或強或弱、或好或差，都是所謂的命運。但是，我們可以改造這樣的安排，運用後天的智慧，學著調整，打造出一種最滿意的生活方式，將生命中一些無形的傷害降到最低。

作爲一個奴隸，似乎只能被動接受命運的安排，可伊索不喜歡這樣的安排，他竭力地衝擊那些看起來難以破裂的壁壘。當他放棄奴隸的馴服與安靜的本分，滔滔不絕地發表意見，吸引人們視線的時候，他也贏得了尊重和注視，而他未來的道路也因此被開拓了出來。

方寸之間，自有天地。面帶微笑地去迎接挑戰吧！當你不管輸贏都能鎮定執著並且樂觀積極時，就連敵人也要佩服你幾分。

越是辛苦的時候，越不要被環境拖累得心黑語惡，讓別人難以接近。要是你在辛苦的時候還能無畏地微笑，理智就能幫你驅散這些傷害，痛苦也只能敗下陣來，變成一個短暫的過客，離開你的生活。

懂得激發身上積極的特質，營造自尊的微笑，就是一個改變困境的好辦法！

一個人有一個人的痛苦，一個人也有一個人的幸福

日子變得難過，會痛苦！身體失去健康，會痛苦！安全失去保障，會痛苦！

痛苦是一種感受，你覺得它沉重，它就會讓你喘不過氣來；你不在意它，它就會慢慢地消失。面對突然來臨的痛苦，如果你總是心存不滿，覺得上天不公平，那麼痛苦不僅不會消退，還會越來越深重，對人的傷害也會遠遠大於它實際的破壞。

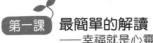

一群痛苦的人聚集在廟裏，喋喋不休地抱怨，期待上天能賜予他們解脫的法寶。老沙彌走了過來，微笑著說：「請各位安靜下來，圍坐在一起，敞開心扉，把自己遇到過最刻骨銘心的不幸說出來，相信用不了多久，那些痛苦就會自動消失。」

人們聽了很驚詫，都覺得老沙彌言過其實。然而，當其中一些人按照他的提議去做後，卻驚訝地發現，通過傾聽別人的故事，才意識到世上還有那麼多的痛苦，而自己僅僅是經歷了其中很渺小的一點罷了。於是，人們放下心結，微笑著走出了廟門。

如果你把擋在眼前的一片樹葉視爲整個世界的終點，它就會在你的心魔的協助下變得異常強盛，最後你將因爲絕望，而敗落在這個小小的障礙下；但如果你冷靜下來，稍微轉換一下方向，小小的樹葉就會自動閃開，眼前也會變得豁然開朗。

一個人有一個人的痛苦，一個人也有一個人的幸福。

對於大多數人來說，適時地向朋友、家人、同事傾訴內心的困惑和苦惱，這些都是正常的，也是合理的。但如果你反覆不停地在人面前抱怨嘮叨、喋喋不休，想向別人展現一個受害者的形象，那麼，無論你的經歷多麼值得同情，那些對你做出可惡行爲的人多麼難以被饒恕，你都會因爲自己不理智的態度而惹人生厭。

面對別人遇到的困難和痛苦，剛開始的時候，一般人都會表示相當的同情和理解，並給予勸解和安慰，有些人甚至還會主動提供援助和支援。然而，如果這個人不去做積極地改善，只是繼續強化自己受害者的形象，那麼他的倦怠感就會在內心生根，最終徹底摧毀他的士氣，少了積極作爲動力，做事自然就容易失敗。出於自我保護的本能，這時，再善良的人也會在潛意識裏回避與他來往，以減少麻煩。

消極地對待痛苦，只會讓它產生更大的負面影響。因此，人在痛苦難耐時，不要總想著自己應該得到什麼，而是必須安靜下來，思考自己接下來應該怎麼辦。只有循序漸進地解開自己的心結，痛苦才會漸漸消失。

當我們遭遇困境時，請記住，不要屈服於憂愁，要堅定地抗拒它，否則憂愁就會得寸進尺。華人首富李嘉誠先生，十二歲隨父來到香港，十四歲就失去了父親，從此開始賺錢養家。在他奮鬥的經歷中，面對過無數次險惡的境況及別人的刁難，也無數次從殘酷的變化中逃生。然而從頭到尾，他都沒有抱怨過，他總是能及時調整自己的情緒，用更爲廣闊的胸襟接受一切考驗。

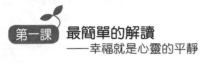

一個人比別人多了一些成功的機會，也肯定會比別人多一些失敗的機會；同理，如果一個人比別人多了一些幸福的體會，也肯定會比別人多一些痛苦的體會！

沒有誰是天生應該受苦的，也沒有誰是天生就來享受快樂的。在人生的道路上無所畏懼地摸爬滾打，用樂觀、執著、感恩的心對待上天給予的酸甜苦辣，把握角色變更的時機，才能在迎接事業成功的同時，享受真正的幸福。

無論遇到什麼困苦，千萬不要輕易地貶低、怨恨自己，如果你總是讓自己陷在壓力與困難中，那麼不斷累積的糟糕情緒就會讓你失去鬥志，打亂你的思維和行動，這對改變現狀一點幫助也沒有。

不要抱怨自己失去太多，請盤點你所擁有的一切。此時你會發現，在同樣的條件下，跟別人比起來，你其實已經很幸運了，你得到的正是別人夢寐以求的！

最傑出的人總是用痛苦去換取歡樂

我們生來就是要經歷痛苦和歡樂的，因此不妨這樣說，最傑出的人總是用痛苦去換取歡樂。

1 千萬不要預支明天的不幸

困難像彈簧，你弱它就強，你強它就弱。很多困難之所以成爲困難，是我們在想像中把困難誇大了。

新聞記者瓊斯極為羞怯怕生，一天，他的上司讓他去訪問大法官布蘭代斯，瓊斯大吃一驚，說道：「我怎能要求單獨訪問他呢？布蘭代斯不認識我，他怎麼肯接見我？」

在場的一個記者立即拿起電話打到布蘭代斯的辦公室，和大法官的秘書講話。他說：「我是《明星報》的瓊斯（瓊斯在旁大吃一驚），我奉命訪問法官，不知道他今天能否接見我幾分鐘？」他聽對方答話，然後說：「謝謝你，我會按時到的。」他把電話放下，對瓊斯說：「你的約會安排好了。」

瓊斯說：「從那時起，我學會了單刀直入的辦法，做來不易，卻很有用。第一次克服了心中的畏怯以後，接下來的就比較容易了。」

公司業績不好、失業率升高、物價上漲……景氣差的時候，幾乎每個人都是朝也痛苦，夕也痛苦，張嘴就是「明天怎麼過」。其實，笑是過一天，哭也是過一天，明天的痛苦還沒有發生，我們又何必爲此憂心而皺起眉頭呢？

在荷蘭首都阿姆斯特丹，一座十五世紀的教堂廢墟上有則留言：「事情是這樣的，就不會那樣。」要知道，任何事情一旦發生了，即使不如你的意，你也只能承受那樣的結果。

接受命運的一些安排，是一般人不可抗拒的選擇。當你陷在痛苦和不滿的泥沼中時，若只會一味地沉浸於眼前的種種不快，那麼即使有可行的機會造訪，也會被你忽略。因此，面對困難時，理智的做法應該是：千萬不要預支明天的不幸！等到不幸確實來臨時，更要臨危不亂，專注精神儘量補救，這樣才能降低它所帶來的損害。

縱觀古今中外，李嘉誠能頂住當年的經濟危機而叱吒商界，海倫．凱勒能在雙目失明的情況下寫出不朽的著作，羅斯福身患疾病卻依然能領導一個國家……這些人，難道不是和我們一樣，也曾遭遇過重大的打擊嗎？但他們爲什麼又能那麼快站起來，幸福地享受成功的果實呢？

其實，道理很簡單。他們都是生活的樂觀者，能夠在黑暗中看到光明的徵兆，挺過艱難的磨練。因爲豁達，因爲知足，因爲不向逆境屈服，所以他們能崛起！

做人需要向前看，即使前面充滿了各種未知的危險；做人也需要向後看，感謝命運爲你提供的一切幫助和關懷。

想要告別不幸，任何人的幫助和安慰都是無效的。因爲你的所有情緒都是由自己控制的，只有自己想通了，並懂得珍惜身邊所擁有的，才能坦然地消化並接受所謂的不幸，讓自己開懷起來。

傑出的企業家艾科卡在經營管理美國福特和克萊斯勒兩大汽車公司的生涯中，創造出了許多驚人的奇蹟。他用卓越的管理和大刀闊斧的改革，將美國第三大汽車公司克萊斯勒從崩解的邊緣挽救了回來。他在回憶錄裏提到了父親對自己的影響。

艾科卡的父親是一個典型的樂天派，無論遇到什麼緊急情況，都會保持「先別急，等一等」、「太陽還會出來，它會照常出來」的冷靜態度。受到這種精神的影響，艾科卡在面對重大決策時總能讓自己保持清醒的頭腦，並且告誡自己：此刻看起來雖然困難，但是這種困難是會過去的。

今天的事情今天解決，即使今天暫時不能解決，也不代表明天、後天、大後天永遠不能解決。提前把焦慮情緒帶進生活，除了擾亂自己的思緒，毫無用處！

事實證明，一個能在危難時刻保持樂觀情緒的人，一定擁有自信成熟的心智。而樂觀的情緒和良好心智一旦協調配合，就能激發起奮發的精神，讓自己從像亂麻一樣的困境中走出來，有條理、有方法地進行改善，把結果控制在最好的程度。

英國著名的博物學家赫胥黎說：「沒有哪一個聰明人會否定痛苦與憂愁的鍛煉價值。」任何一種情緒都會給人帶來不同的反應。但不管多麼惡劣的狀況即將逼近，每個人都要努力去發現潛伏的希望，以及自己的優勢，堅信成功往往會在最後一分鐘來敲門。只有毫不鬆懈地進行對抗，那些麻煩才會被一點點剷除消失。

美國醫學專家做過這樣一個實驗，他們讓失眠患者服用一種用水和糖加上某種顏色配製的粉狀安慰劑。這種安慰劑本身並不具任何藥效，但當患者相信醫生介紹的藥方，對該藥持樂觀態度後，幾乎百分之九十的患者服用完安慰劑後都感到病情大大減輕，有人甚至痊癒了。結果證明，樂觀的態度對人體發揮了非常積極的暗示作用。

人的一生，總免不了要遭遇困難和失敗，我們不能像那個為雨天賣陽傘的大兒子和豔陽天賣雨傘的小兒子哭的老婆婆一樣愚笨，而是應該雨天感謝小兒子有生意，豔陽天感謝大兒子有生意，充分認識自己面臨的處境，理智地接受生活的安排和挫折。

不去預支明天的不幸，用樂觀的情緒笑對一切，未來的路上才有陽光。

2 從來都沒有最好的方法，只有最適合自己的方法

幾乎所有的對抗性運動裏都有這麼一種說法：收拳是為了更有力地出拳！

這是什麼意思呢？其實很簡單，就是不要被繁複無窮的姿勢變化所蒙蔽，也不要一味地追求外在的優勢，要根據自身狀態進行有效的收斂、修整和停頓，如此才能儲存能量和最後一搏的衝力。

和運動場上的你爭我奪一樣，很多時候，由於慣性使然，習慣了舒適生活的人們很難接受環境的變化，面對裁員、物價飛漲、股市暴跌……人們被各種已經到來的或還沒到來但很

有可能即將到來的危機控制著情緒，除了沉默，就是抱怨。人們感到出頭無望，對未來深感恐懼，即使回到家裏，看到家人溫暖的微笑，也無法得到任何愉悅。

世界是多元的，人是生來就要接受各種考驗的生物。我們無可避免地必須去應對眼前的一切好、一切壞，以及一切正在由好變壞或由壞變好的複雜事情。即使貴爲皇族顯冑，也無法逃避疼痛、傷害、摧毀甚至破滅！

怎麼才能打破困境，讓自己順利度過難關，成爲一個對自己未來有掌控權的人呢？就以動物界來說，當刺蝟遇到勁敵時，牠不會逞強地豎起毛刺，而是會蜷縮起身體躲避攻擊；而壁虎、螃蟹等也有自己的招數，牠們會自斷肢體以吸引對手的注意，借機逃之夭夭；美洲的負鼠更絕，面臨危險的時候，牠竟然會「不顧尊嚴」地躺在地上，閉上雙眼裝死。

其實，無論是人還是動物，在弱勢的時候，如果主宰不了世界，就不要去計較眼前的榮辱得失，而是應該機智地改變策略，巧妙地去應對突然的襲擊，爲困境解套。

猶太諺語說：「如果斷了一條腿，你就應該感謝上帝不曾折斷你兩條腿；如果斷了兩條腿，你就應該感謝上帝不曾折斷你的脖子；如果斷了脖子，那就沒有什麼好擔憂的了。」

面對困境，從來都沒有最好的方法，只有最適合自己的方法！

魔幻故事《哈利．波特》所產生的巨大影響堪稱世界傳奇，不過《哈利．波特》的作者——英國女作家J．K．羅琳本人的經歷，其實比小說更神奇，更讓人津津樂道。

十多年前，當從未寫作過、每週靠七十英鎊救濟金維持生計的單身母親J．K．羅琳萌生創作的欲望，流連在愛丁堡咖啡館，利用小紙片書寫哈利．波特的故事時，她不僅要面對自身寫作經驗的不足，還要面對實際的家庭困境，以及如何讓圖書正式出版等一連串難題。但是，這個倔強得可愛，滿腦子充滿了幻想和樂觀的女人，還是認真地寫作了。

經過整整五年的辛苦寫作，J．K．羅琳完成了第一部作品。為了實現出版的心願，她開始投稿到各大出版社。然而，一年過去了，除了連續收到十二家出版社的拒絕外，她幾乎得不到任何肯定。

就在J．K．羅琳瀕臨絕望和痛苦的時候，英國布魯斯伯瑞出版社給出的首印五百本、三千英鎊稿酬的條件讓她看到了一絲希望，她幾乎是毫不遲疑地在出版合約上簽字蓋章。接著，她急切又沉穩地等待著命運的考驗。

誰也沒有料到，這樣一個看起來並不樂觀的開始，竟然締造出了當代文壇最大的神話和致富傳奇。《哈利．波特》一經出版，便立即受到了世界矚目，好評如潮水般湧來，很快就讓Ｊ．Ｋ．羅琳獲得了英國國家圖書獎兒童小說獎、斯馬蒂圖書金獎等重要獎項，將她推上了最顯赫的位置，讓童話變成了現實。

可以想像，要是Ｊ．Ｋ．羅琳在生活的打擊下消極退縮，放棄了自己的夢想，那我們哪裡還能看到這麼精彩的魔法故事？當她在又冷又小的房間裏思考魔法學校的教案時，誰又能說她不是在設計未來的人生道路呢？她讓自己暫時沉默下來，將自己的拳頭縮回收緊，難道不是在儲存巨大的力量，以達到改變生活、控制生活的目標嗎？

Ｊ．Ｋ．羅琳不抱怨、不憤怒，也不要無聊的同情和無意義的幫助，她依靠自己的努力成就了一個奇蹟。這是魔法的勝利，也是人心永不屈服的勝利！

當你發現自己近期總是反覆無常地焦慮，對別人的成功充滿了妒忌，或者整天都在想著能中大獎等念頭時，請立即起身去洗把臉，用理智潑醒大腦，或者找個樂觀的朋友傾訴一下，及時將那些消極的想法摧毀，逐步恢復內心的平靜，讓勇氣重新進入心房。

世界酒店業的巨頭康拉德．希爾頓說：「夢想和空想是截然不同的。空想是做白日夢，永遠難以實現，也不是人們所說的神的啓示。我所說的夢想是指人人可及，以熱誠、精力、期望作爲後盾，一種具有想像力的思考。」

我們要懂得在被迫沉默的時候低頭潛行，等到機會來臨時，再把能量和芳香徹底釋放出來，迎接一個全新的世界！

3 為幸福留下一點印記——痛苦是幸福的雕刻刀

著名繪本作家幾米可謂名滿天下。一九九九年，他的長篇繪本《向左走，向右走》引起轟動，被評爲當年「金石堂十大最具影響力的書」。但又有多少人知道，這個早在幾年前還一文不名、厄運不斷的幾米，會因一場白血病而帶來命運的轉機，從而風靡大眾呢？

幾米大學畢業後進入了一家廣告公司。由於他偏愛個性化的藝術創作，不重視團隊合作，他的創意在廣告中根本無法體現出來。因此，一九九三年，幾米痛下決心，辭去工作，躲在家中心無旁騖、一心一意地伺候起了他的小人兒，把它當作養家糊口的謀生工具。他說：

「就像一個臉色蒼白、冷酷無情的馴獸師，揮舞著皮鞭，日夜鞭打訓練它們，期待它們表現出眾，可以早日將它們推上舞臺，獲得掌聲，為自己賺錢。我從未覺得必須對它們付出任何愛。它們是它們，我是我」。

就在幾米揮舞著皮鞭讓他筆下的小人兒拼命地賺錢，爭取過上更好的生活的時候，命運卻跟他開了個天大的玩笑。一九九五年，幾米的左腿突然開始劇烈地疼痛，症狀出現後僅三天，就失去了知覺。在病痛的折磨下，他一邊繼續作畫，一邊四處求醫，但始終找不到病因。一個月後，他才在一家非常有名的醫院裏被確診患了「急性骨髓性白血病」，即血癌。

幾米得知這個令人絕望的消息後，悲慟欲絕，甚至喪失了活下去的信心。在家人和醫生的再三勸說下，他抱著最後一絲希望接受了化療。半年的化療讓幾米變得面目全非，頭髮不復存在，面孔浮腫得變了形。但儘管如此，幾米仍是幸運的，他奇蹟般地戰勝了病魔。

幾米出院後，世界觀豁然改變，他懂得了去付出、去感謝、去愛。他突然覺得，自己創造的小人兒是從自己骨肉中鮮活地走出來的，能夠給自己帶來慰藉。於是，他把自己全部的感情、全部的愛都傾注給了自己筆下的小人兒，他的小人兒從此變活了、變立體了。用他自己的話說：「它們已經變成了我，而我也變成了它們。」

人生或許就是這樣，只有把一樣東西當作自己的生命時，你才會真正地去愛它們、關心它們、感謝它們。人生的成功，往往也正源於這種關心、愛和感謝！

風平浪靜、順順當當、平平常常的生活，無需具有超人的能力就足以應付生活中的一切，因此容易使人安於現狀；然而，在面對大風大浪、大起大伏、大喜大悲，甚至是滅頂之災時，人的精神就不能不格外警醒、振奮、昂揚，在這種精神的作用下，人的思想、能量就會被引爆。

每個人對於自己的最大才能、最強力量總是無法完全認識，只有大責任、大變故或生命中大危難的磨煉，才能把它們喚醒。

格蘭德將軍的生命是有巨大能量的，然而這種能量卻需要南北戰爭的「撞擊」去引發它。尋常的境遇不能觸發他那酣睡著的力量，更不能引爆他的生命中的炸藥。

耕田、伐木、做鐵路員工、做測量員，做州議員、做律師、甚至做國會議員，這些經歷也都不足以引發林肯的生命動力。只有把國家危急存亡的重任放在他的肩頭，這位美國歷史上最偉大的人物的生命炸藥才會爆發出來。

歷史上有許多偉大的人物，除非到了除自己的勇氣與耐心以外一切都已喪失，到了身處絕境而不得不謀求死裏逃生的時候，是無法顯示出他們的真實力量的。

一個人的精神映射、一個人的偉大的胚子是如何完成的？這有一個必經的過程，即進入挫折和痛苦的熔爐裏冶煉。

羅曼·羅蘭說：「痛苦這把犁刀一方面割破了你的心，一方面掘出了生命的新的水源。」

巴爾扎克說：「一定要感到痛苦，所受的教訓才會在記憶中留下不可磨滅的印象。」

貝多芬說：「我們這些具有無限精神的有限的人，就是爲了痛苦和歡樂而生的，幾乎可以這樣說：最優秀的人物是通過痛苦才能得到歡樂的。」

魯迅說：「不能真心領悟痛苦，也便難有新生的希望。」

孟子說：「天將降大任於斯人也，必先苦其心志，勞其筋骨，餓其體膚，空乏其身，行拂亂其所爲，所以動心忍性，增益其所不能。」

司馬遷在《史記》中舉了大量歷史上的例子，如周文王被囚，發現了周易；左丘失明，寫出了《國語》；屈原被放逐，吟誦出了《離騷》；孫臏被剜掉膝蓋，修著了《孫臏兵法》，並出奇計大敗龐涓爲統帥的魏軍。司馬遷認爲，大成功者，其精神動力、精神塑造，皆源於挫折和痛苦，可以說，痛苦是偉大之源。

如果讀過梵谷的傳記，你便會知道，梵谷是一個非常痛苦的人，可是他的畫作卻成了現今世界上標價最高的藝術品；托爾斯泰是偉大的作家，他在寫《戰爭與和平》時，心靈正遭受著極大的痛苦；貝多芬的《英雄交響曲》《命運交響曲》《第九交響曲》等傳世名作也是在忍受著耳聾的巨大痛苦中寫就的。

生活中，每個人都可能面臨一些痛苦：遭遇瓶頸、生活窘迫、前途渺茫、沒有方向、情感失意……在這種狀況下，不同人會採取不同的對策，而不同的對策又將演變出一個個不同的結果。有的人悲觀，只會被動接受命運的安排，於是逐漸被生活打磨得失去理想，最後隨遇而安；有的人樂觀，主動迎接挑戰，竭盡全力和命運進行拼搏，最後贏得驚喜和收穫也是理所當然的。

悲觀的人最大的特點就是，他們往往只看得到不可征服的困難。當他面對一個具體的任務時，腦海中便會快速生成各種糟糕結果，還沒有起程就已打算放棄，暗自考慮如何退卻、如何維持原有的利益。當然，這樣的人肯定也是缺少歡笑和興奮的。因爲，他們無論如何都找不到讓自己輕鬆起來的理由。即使上帝在這個時候讓餡餅從天而降，他也會質疑這樣的恩賜是不是隱含了陷阱，從而滿懷恐懼，而不是喜慶地接受這樣的饋贈。

比爾・蓋茲是一個樂觀積極的人，他不會從別人的失敗中無端地推測自己的結果，也不會貿然給自己施加那些惱人的障礙。面對困難時，他總能摒除雜念，竭盡全力讓自己的潛能最大化，以消滅困難，這也就是他後來能傲視世界取得成功的一個不可或缺的特質。

我們完全有理由認爲，所有的成功者都是不會被險惡阻攔的勇士。他們踏實地生活在當下，眼睛眺望著明天的目標，然後冷靜地制定策略，儲蓄才能、物資、技巧、健康……不因未來的不確定而退縮，更不會澆滅自己剛剛升起的夢想。

就像英國海軍上將佩恩說的那樣：「沒有播種，何來收穫；沒有辛勞，何來成功；沒有磨難，何來榮耀；沒有挫折，何來輝煌。」面對困難時，如果只知道一味地回避風險及困難，一味地懷疑及否定幸運，不做大膽的嘗試與行動，那麼就會很容易被假想的無形障礙阻攔，永遠都無法收穫沉甸甸的幸福。

很多時候，機遇就是穿在困難身上的隱形衣，伴隨著困難降臨，誰能坦然地面對困難，誰就能獲得一切。

世界旅館業大王康拉德．希爾頓曾在自己的傳記裏談到，一個人想要改變生活，最重要的一件事就是必須要有目標，要懷有夢想。而夢想的存在，不是爲了讓你愁眉苦臉地去掙扎，而是爲了讓你能夠積極樂觀地去應對各種機會。

世界是公平的，小人物的煩惱，是關於自身衣食住行的煩惱；而大人物呢？當他們的事業正如火如荼地進行時，一旦出現煩惱，恐怕會波及更多人的衣食住行。這種煩惱，有時甚至和一場瘟疫造成的災難不相上下。

當年全美陷入經濟大蕭條的時期，希爾頓苦心經營的旅店業也在衝擊中受到了重大影響。眼看著身邊熟悉的人一個個愁眉苦臉、惶恐度日，有的甚至選擇了自殺，而他自己也無可避免地陷入了資金上的困境，希爾頓身心異常疲憊，他甚至沮喪地對母親說：「或許我選錯了職業，其實我應該去學做搖籃或棺材的，它們都比旅店業強！」

希爾頓的母親是一位非常偉大的女性，她只是緩慢而堅定地勸慰兒子：「現在有人跳樓，有人沉淪下去，也有人向上帝禱告。康尼，你千萬別洩氣，一切都會過去的。」

看著母親堅定的眼睛，想到她當年為了實現理想而無所畏懼地帶著家人艱苦創業，卻依然保持著迷人笑容的過往，希爾頓絕望的心裏突然間又充滿了希望。當律師私下與他商量，希望他宣告破產以脫離窘境時，他毫不遲疑地拒絕了。

希爾頓認為，只要能重新把握時機，還是可以起死回生的。所謂危機，其實可以分成兩個字看，一個是危險，另一個就是機會。只要自己沒有宣布倒下，那重振山河的機會就一定存在。

後來，希爾頓在親友與母親的幫助下，不僅成功振興了舊產業，還大膽投資石油。最後，他終於絕處逢生，闖出了一條生路。緊接著，他依靠實力一點點建造起龐大的國際希爾頓旅館有限公司，擁有全球兩百多家旅館，每天接待數十萬的各國旅客，資產總額達數十億美元，年利潤更達到數億美元，雄踞全世界大旅館的榜首，而希爾頓也成了名副其實的美國旅館業大王。一切，都在希爾頓臨危不亂的從容中得到了改善。

所以，在面臨生活窘境時，在應對巨大壓力時，堅持微笑著朝前看，不做毫無意義的哭泣和抱怨，讓心情輕鬆愉快，才能讓自己的勇氣和動力逐漸強大，如此才能扭轉不利，逐步實現自己的目標。如果遇到擔憂或者害怕的事情時，你能放下那些影響自己做出正確決定的恐懼和畏縮，放下那些打擊自信的悲觀心態，告訴自己：「沒有什麼是過不去的！試一試，永遠都比不知道結果要好！」你就會驚訝地發現，事情其實沒有你原先想像的那麼複雜，也沒有那麼可怕。

請記住，笑著走路的人，運氣更好！因爲他送出去的燦爛微笑，可以吸引更多的目光、關注，還有機遇。

4 等待是一種靠近幸福的智慧

儘管人人都希望快樂如意，但無論怎麼努力、怎麼平衡，還是會有一些悲傷和痛苦是無法避免的。那些伴隨著生活瑣事產生的失望、沮喪和痛苦，就如四季的氣溫變化一般，是正常而自然的，需要你默默地承受和消化。

在人生處於困境時，我們當然不能一籌莫展。除了努力化解和突圍之外，我們能做的，有時候可能只有等待。但等待並不意味著一定是消極的，盡力而爲之，以一顆平和的心等待光明，等待時光之手拂去塵埃，也不失爲一種好辦法。

有時候，等待是一種靠近幸福的智慧。

有一則有趣的故事，講的是兩隻蚌和一隻螃蟹的對話。雖然故事很短小，但卻蘊涵著極爲深刻的意義，告訴人們應該如何接受必要的痛苦和悲傷。

一隻蚌對另一隻蚌抱怨說：「我真是痛苦不堪，那顆醜陋的沙子在我的身體裏滾來滾去，讓我渾身疼痛，整日都無法休息！」

另一隻蚌聞言卻哭泣著說：「我倒是寧願那麼痛苦！誰都知道，只要過了這個最艱難的時期，你就可以生出美麗的珍珠，這是多麼讓人羡慕啊！」

一隻螃蟹聽到兩隻蚌的對話後，忍不住站出來說道：

「其實你們都不需要抱怨！有沙子在身體裏的蚌啊，接受你這短暫的痛苦吧，你迎接的將是永恆的珍貴！沒有沙子的蚌啊，安靜地等待吧，只要你願意讓沙子進入你的身體，每一天都有機會。即使永遠都沒有沙子，你難道沒有享受到輕鬆和快樂嗎？哪還需要去眼紅別人的遭遇！」

從「我」中跳出來，與別人進行交流溝通，參考各自的生活軌跡和方式，這是一個很容易破解痛苦的簡易方法。因為相互的比較，可以讓人們清楚地看到原來被忽略的一些事實和本質。例如說，儘管你的職業不夠響噹噹，但是你的薪水很穩定；儘管你的相貌很醜陋，但是你的子女很上進；儘管你的老闆很苛刻，但是你的妻子很賢慧……一旦你開始誠心感恩上天的賜予，就會不好意思再誇大自己那些微不足道的痛苦了。

而「我是世界上最不幸的人」的自我暗示一旦消除，人的壓力和負擔就會降低，再大的痛苦，也會被輕易地瓦解與消除。

其實，一個人忍受痛苦的耐力，就是驗證自我能力的試金石。很多時候，忍受痛苦並不代表放棄抵抗，而是讓自己從這種悲傷中找到出路，在苦痛中創造出美好的明天。

第二次世界大戰中盟軍傑出的指揮官之一，英國將軍伯納德·蒙哥馬利因為打敗了號稱「沙漠之狐」的德國名將隆美爾而聲名鵲起。然而很多人不知道的是，蒙哥馬利的童年，其實是在痛苦的忍耐中度過的。

幼年時期的蒙哥馬利是家裏的第四個孩子。因為天性好動，不喜歡學習，所以經常做出違背父母意願的頑皮舉動，常讓有潔癖的年輕母親異常惱怒，導致他經常受到母親的責罵和冷落。情況嚴重的時候，母親甚至會用「你只能當炮灰」這樣的話語來攻擊可憐的兒子。而且母親總是會在人前批評他、打擊他，這更讓別人有機會和理由去小看他了。

母親的暴躁和絕情傷害了蒙哥馬利的心靈，於是從他成年進入軍隊以後，便至死也不願意和母親往來。但是，母親施加的這些傷害並沒有讓蒙哥馬利沉淪於痛苦中不可自拔。儘管他每天都處於高壓的陰影之中，但他仍然接受了命運的安排，不去理會那些非議和嘲諷，堅持做自己覺得正確的事情。

在蒙哥馬利後來的回憶錄裏，他說道：「我童年缺乏母愛所帶來的世人對我的嘲笑和蔑視，造就了我堅韌不拔的意志和超凡的智慧，沒有這種特質，我不會成為後來的蒙哥馬利。」

無論多麼痛苦，只有忍受住煎熬，敢於承受事實，做自己應該做的事，才可能在不知不覺中得到自信，尋找到一條嶄新的道路。而蒙哥馬利就是這樣一個不甘受壓於痛苦，敢於走出困境，締造不朽成就的偉大人物。

人的生存不是爲了吃苦，但是，苦來了，我們也不用去畏懼。勇敢地面對變化，毫不退縮地忍受痛苦，才是打開意志力的閥門。

因為《臥虎藏龍》《斷背山》《色戒》等電影而享譽國際的大導演李安，在成名之前也曾經有過一段非常潦倒的日子。從紐約大學戲劇系畢業以後，李安並沒有如願以償地開始他的事業，反而陷入了畢業即失業的窘境。

那段日子，身為藥物研究員的妻子天天外出上班，而李安則當起了家庭「煮夫」，在家帶孩子，練習廚藝，一待就是六年，其煎熬不是一般人可以理解的。幸好，李安的痛苦只是暫時的。大多時候，即使只是在廚房裏做著簡單的家事，他也像蛻變前的蝶蛹一般忍耐著、變化著，讓留在內心深處的理想隨著不間斷的籌畫而慢慢實現，最後他終於抓住了機會，成就了自己的一番事業。

讓蚌忍受痛苦的是綺麗的珍珠，讓李安忍受痛苦的是美好的前程。

因此，不要期待那傳說般的時來運轉，也不要因爲暫時沒有機會而抱怨嘮叨。或許，機會在來臨的途中悄悄地睡著了，而你的堅持就是喚醒它的唯一妙方。從最小的努力做起，然後用一個完整的計畫和不懈的行動來促成機會的造訪。

一個人想要得到更多的快樂和幸福，就必須忍受屬於自己的那份寂寞與孤獨。只有坦然接受這些痛苦，才能迎來暴雨之後的彩虹，看到漫天燦爛的星光。

【延伸閱讀】管理內心的法則

(1)明白做人，踏實做事

一個人如果不明不白地做人，那麼就必定會稀裏糊塗地受罪。只有明明白白做人，才能吃得下、睡得好，才會夜半不怕鬼叫門。所以，「明明白白做人，踏踏實實做事」應該作為我們人生的座右銘。

不義的錢財再多，也不要眼紅，否則會給自己埋下亡身的禍根；無道的權勢再大，也不要覬覦，否則會帶來身敗名裂的結局；不當的名譽再好，也不要貪占，否則會導致自取其辱的結果。

自己一心做事，莫問未來的結果，這樣自己才不會分散精力。只有下苦工夫去努力，才能取得更大的成績。假如一個人學會了為人之道、處事之方，那麼成功的可能性就會大大增加。

清白讓人心安，踏實讓人快樂。自己沒有好的名望，又不刻苦努力，卻一心企求成功的果實，這只是癡人的一場春夢罷了。

(2)自以為一貫正確，容易犯錯誤

自我感覺良好的人，喜歡聽到自己一貫正確的聲音；位居高位的人，也喜歡聽到自己一貫正確的聲音；狂妄自大的人，更喜歡聽到自己一貫正確的聲音。

但可悲的是，那種認為自己一貫正確的聲音，僅是一種可憐的幻覺，是一些別有用心的小人刻意吹捧和恭維出來的，而絕非真正的正確。假如容不得別人半點反對意見，聽不進別人半點批評，自以為自己是超人或者天才，總是以教訓和命令的作風行事，那只會讓自己陷入不利的境地。

時常自省，對人生大有裨益。如果自認為是一貫正確的，那麼人生的悲劇就快來臨了。

(3)做堂堂正正的人

做財富來路不明的富人，不如去做一個堂堂正正的窮人。所以，我們不需要去羨慕依靠不正當手段一夜暴富的人，而是應該尊重那些依靠勞動和思想致富的人。一個人若財富來路不明，縱有千萬億萬，也難免活得心驚肉跳。有一天若其醜行暴露，就會被繩之以法，落得可恥的下場。

所以，要堅持「君子愛財，取之有道」的原則，做官也一樣，如果依靠歪門邪道取得權力，終究難以服眾。先做好人、做好事，然後才能做好官。

(4)真實做人，厚道是福

「真者，精誠之致也。」人貴於真實，惡於虛偽，因為誠實是人的最高品德。真實的人，言行一致、老少無欺、大公無私，可在事業上委以重任；不真實的人，言行不一、瞞上欺下、善於矯飾，每每都以私為先、損公利己，所以絕不能委以重任，否則對事業是極大的損害。

雖然真實的人容易吃一時之虧，但日久見人心，這種人不可能長久吃虧；雖然虛偽的人容易得一時之益，但騙得了一時，騙不了一世，他們不可能長久得益。善有善報，惡有惡報，那些虛偽奸詐的人終會自食其果。投機取巧，只能騙取別人一時的信任，一旦惡行暴露，終會為眾人所不齒。所以，做人還是實在點為好。

(5)辦事圓滿，得失寬平

做事情之前，不能有任何私心，必須有「事情必須辦得圓滿，得失必須放得寬平」的良好心態。事情辦得圓滿，才有成功的可能，生命才能閃光；得失看得寬平，才能心無雜念，人生才會快樂。私心若太重，就難以做好事情的。

一個人如果凡事都粗糙應付、得過且過，就會容易失敗。凡事糊弄自己，等於無知地殘殺自己；凡事斤斤計較，損人利己，等於自絕後路；凡事算計別人，等於愚昧地孤立自己。假如一個人能真正感悟到「認真辦事，大度處世」的重要性，那麼他的人生之路會越走越寬廣，生命之花會越開越豔麗，生活之悟也會越思越清晰。

(6)踏實做人做事，才能安心入睡

白天踏踏實實做人做事，夜晚才能安然入睡，因為白天的生活和夜晚的睡眠是緊密相連的。只有自己白天踏踏實實做事、老老實實做人，夜晚才能無憂無慮地坦然入睡；反之，如果自己滿腔心事，就會夜不能寐，也就很難睡得踏實了。

要想自己睡眠好，就必須讓自己心安；而要讓自己心安，則必須讓自己沒有任何煩惱。假如自己白天不去踏實做事、老實做人，淨糊弄和欺騙別人，那麼晚上又怎麼能睡得踏實呢？

(7)做人不要害怕吃虧

小時候，也許每個人都有幫老師分蘋果的經歷。那時，很多人會選擇把最好的分給別人，把最小的留給自己。可是隨著年歲的增長，當我們長大後，卻很少再有人堅

持這個美好的傳統了。為什麼？因為他們唯恐自己吃虧，讓別人占了便宜。

其實，吃虧是福。雖然吃一時之虧，但你同時也贏得了他人的尊重，為你的未來贏得了朋友和資本。如果一個人事事吃虧在前，把最好的讓給別人，那麼最終的贏家一定是他；反之，如果一個人事事都不肯吃虧，什麼都想得到，結果可能什麼都得不到。

(8)應該多些該做的事情

多花點時間學習，在學習上不能知足；多擠出一點時間運動，健康是自己的資本；多點好心情去微笑，微笑比哭泣好；多些寬容之心，儘快忘記為人處世中的不快，對人常懷感恩之心；多點時間自省，多想自己的不足，以鞭策自己不斷進步；多給予別人愛心，因為贈人玫瑰，手有餘香；多抓住機會發展自己，上進心是不可缺少的；多鼓足勇氣奮鬥拼搏，時刻保持自信心；多點放鬆心情的時間，儘量享受美好的生活；多籌畫收支，理財使人富足。

(9)做人太勢利，容易自取其辱

有一個老者穿著非常儉樸。有一天，他去一個茶店喝茶，店主只是淡淡地招呼：

「坐，茶。」

隔了幾天，那個老者穿戴講究，又去茶店喝茶。店主十分熱情，大聲說：「請坐，泡茶。」

又隔了幾天，老者衣著華貴，還帶了隨從去茶店喝茶。店主恭敬又熱情，親自招待：「請上座，泡好茶。」

臨走時，店主請老者留下墨寶。老者寫道：「坐，請座，請上坐；茶，泡茶，泡好茶。」店主羞得無地自容。

要平等待人，不要以外表來看待一個人。勢利小人，只會自取其辱。一個人如果能夠敬重別人，那麼別人自然也會敬重你。

(10)貪小往往失大，做人要大氣

貪小便宜，容易吃大虧。處處占人便宜，時時得人好處，表面上看確實嘗到了一點甜頭，實際上卻丟失了人格，增加了危險。占小便宜容易背負惡名，讓自己臭名遠揚，最後身陷困境，寸步難行。貪小便宜之人最被別人瞧不起，往往會陷入孤獨無助的絕境。

貪小便宜的人不僅做不成大事，而且容易早早失敗。「做人要肯吃虧」這個道理，只有在長大之後才會深深感悟。讓別人占一點便宜，別人會心存感激之情，對自己會產生一種親近和善之意。若是自己占盡別人的便宜，別人就會心存不快，長此以往，則會朋友盡失。

(11)為人處世，以誠為本

誠實是做人處事的基本原則。沒有誠實作為根本，為人處世就沒有基礎。一個人如果費盡心機地去算計別人，到頭來往往會聰明反被聰明誤，因為人算不如天算。《左傳》上說：「失信不立。」沒有任何信譽的人，是沒有人緣的。言不發自內心，縱然悅耳動聽，終歸也是謊言。巧言令色，只能哄騙一時；誠信做人，才能受益一世。不要自認為比他人聰明，人們的眼睛是雪亮的。木訥但真誠的人不一定會被他人討厭，而那些巧言卻虛偽的人反而令人厭煩。

(12)急功近利，多會自食其果

做人、做事，絕對不能急功近利。如果目的性太強，功利性太盛，人生就會吃大虧。那些急功近利的人，往往會失敗；那些不踏踏實實做事、老老實實做人的人，沒有幾個能成功的。一切都依靠投機取巧，戴著人生的近視眼鏡，去尋找所謂的人生定位的人，是無法得到長久的安樂和幸福的。

如果一個人的生命之舟總維繫著功名的追逐，那麼其身心就會成為名利的奴隸。光知道追求名利，就別指望能獲得幸福和快樂。絕大多數人並不瞭解，他們的幸福其實是可以由自己創造的，只有少數有卓越成就的人，才瞭解自己應該追求什麼，並且一步一個腳印地去實現。

(13) 為人不可過於聰明

聰明雖然是一件好事，但那種賣弄學問式的聰明反而會令人討厭。比如，一個人在公眾場合說理太多，有的會被他人認為是一種賣弄。所以，最好是適當沉默，或者只講不得不講的道理。

聰明反被聰明誤的事例，在生活中比比皆是。為什麼成大事者往往不是絕頂聰明的人？有人一針見血地指出：「這世界上真正有成就的往往不是第一流的聰明人，而是第二流聰明加第二流愚笨的那種人。太聰明，就把什麼都看開了，不肯做傻事、花笨工夫，自然也就沒希望了。」

(14)正人先正己，律人先律己

托爾斯泰認為：要讓所有人都做得好，首先必須自己做好；要求別人做到的，自己必須首先做到。言傳不如身教，說教再多，也沒有一個人的實際行動來得有說服力。比如，你感到現在的生活無味，想要改造現在的生活，那麼首先得改造自己對生活的態度，而不是去埋怨別人和社會，要拿出微笑而充滿信心的生活態度來。

自律是優秀人格的基石，也是有品格之人的基本素質。能夠自律的人總是說到做到，遵守諾言。他們不但自律，而且懂得關懷他人，所以能得到他人的信賴。如果懂得尊重自己，首先就要學會自律。這樣，別人也會因此更加尊重你。

其實，自律和其他人格特質一樣，也是一種良好的習慣。我們要從今天開始，下定決心，培養自己的自律習慣。

(15)意氣用事，後悔莫及

多理性行事，少意氣用事。做事不能憑感情，更不能憑感覺。意氣用事必有麻煩，事情不會如我們想像的那樣簡單，表象總是容易迷惑人心。理性做事不讓我們反覆折騰，不會出現大的差錯，更不會使自己後悔。

正確認識了自己，你就不會意氣用事。當我們準備認真地去做好一件事，努力去成為一個智慧人士的時候，首要的任務是要客觀公正地評價自己。比如，多問問自己「我的人生是為了什麼，我的弱點和缺點在哪裡」。

有人說：「在瞭解上帝之前，人必須先要瞭解自己。」瞭解自己的目的，是為了讓自己不去犯錯誤，或者少去犯錯誤。

(16)細節決定成敗

能夠成大事者，首先都是從做小事情開始的。「如果能把小事辦好，大事自然也就能順利做下去了。」每一個工作都是由許多細節組成的，忽略了事情的任何一部分，都會在日後造成大問題。如果你沒有辦法處理那些細節的工作，那麼你的生活就會有許多的煩惱。

老子說：「天下大事，必做於細。」想要成就一番大事業，必須從細微處入手。只有細節做好了，事情才能完美。反之，歷史上有許多失敗的事例和教訓，都起源於一個細節的疏忽。

(17)克服人性的弱點

一位科學家知道死神正在尋找他，於是利用複製技術複製了十二個自己，想用以假亂真的方式保住自己的性命。死神面對十三個一模一樣的人，一時難以分辨，不知道哪個才是真正的目標，只好悻悻離去。

但沒過多久，死神就想出了一個識別真假的好辦法。

死神回來對他們說：「先生，你確實是個天才，能夠克隆出近乎完美的複製品。但是很遺憾，我還是發現了你的作品有一處微小的瑕疵。」

死神的話音未落，那個真科學家就憤怒地跳起來，大聲辯解：「這是不可能的！我的技術是完美的！」

「瑕疵就在這裏。」死神一把抓住那個科學家，把他帶走了。

(18)不要逞能，不要多事

世界本來就是複雜多變的，如果你再逞能多事，那麼人生掀起的風浪就會更大，你所受到的煩惱也會更多。人的社會生活有其自身跌宕起伏的軌跡，遇到人生的風暴時，最明智的辦法是避在一個平靜的港灣裏，待驚濤駭浪自己消退。

不論是天道還是人道，一切應順其自然。明智的醫生知道何時應該開藥方而何時不用開，有時候不開藥方反而更見功力，暫時的忍讓也不失為平息塵世風波的好辦法。面對複雜的生活環境，如果你能夠冷靜下來，能夠智慧地去思考，或者暫時回避，不去逞能，不去多事，那麼你會過得更好。

要弄髒一條河流是很容易的。但已渾濁之水，你卻不能通過清理來使其清澈，只能任其自清。

(19)別到處吹噓自己

做人不能光用自己的語言，還必須用自己的行動。一個真正有本領的人，多是訥於言而敏於行的，他們喜歡用事實說話；反而那些沒有本領的人，才會到處吹噓自己。

真正有能力的人不必吹噓自己的成就，因為他的行動可以表達一切。吹噓和誇口表示你其實並不瞭解自己，也不能確知自己在世界上的價值。有些人總是冷眼旁觀，等著事情發生；有些人則心懷好奇，猜測著什麼事情會發生；另一些人則會身體力行，促成事情的發生。

以行動表達一切，向別人證明你的能力，這比「光說不做」更能贏得別人的欽佩。信口開河容易，但終究不能證明你的實力。

(20)自律自強，做人之上品

沒有約束的人生，是苦難的人生；沒有自強的生命，是脆弱的生命。一個人為什麼會受到他人的尊敬？是因為這個人既有道德修養，又有自己的力量和水準；一個人為什麼會被他人唾棄？是因為這個人既沒有道德修養，又沒有自己的能力和水準。

你是否能夠生存好，關鍵因素在於你自己。如果你的修養和才智比別人高，他人自然會信服你；如果你處處不如別人，他人自然會鄙視你。在你的人生中，你能依靠的只有自己。永遠銘記這一點，對於一個人一生的發展是非常重要的。

(21)自滿自得做人，是愚蠢的表現

一個人自我感覺良好的時候，往往會由虛榮而生出一種自大的狂妄。在這種自我欺騙中生活，往往會犯大錯誤。如果一個人不從自我恭維的陷阱中警醒過來，那麼其人生之路就會充滿各種危險。過分自信，就是自大，自大會蒙蔽雙眼，使人在人生之路上栽跟頭。

認為別人是傻瓜的人，自己才是一個真正的傻瓜。自滿自得，實際只是一種空虛的心靈滿足。

(22)享受生活，而不是享受權力

人生的美好是因為享受生活，而不是享受權力、金錢等東西。生活使人充實，享受生活能夠使你感覺每一天都是賞心悅目的，生命永遠是燦爛的、幸福的、快樂的；權力、金錢等東西也許會給你帶來一時的歡娛，但也會給人以空虛之感，會使你感覺每一天都是痛苦不堪的，生命永遠是煩躁的、無聊的，甚至是灰暗的。

事實上，權力是不能享受的，它與責任掛鉤，肆意濫用權力是要付出沉重代價的。一個人若荒唐、無知，往往會去琢磨如何享受權力，而後利用手中的權力去享受金錢，其結果往往是身陷囹圄，什麼都享受不了。人生追求的目標有許多，權力和金錢並不是生活的主體。我們要去發現人生中的各種幸福，明白人生的使命；過充實的生活，讓生命發出光芒。

第二課

最哲理的解讀
——幸福是「假糊塗、真智慧、最滿足」

「很多人會認為，成功會帶來更多的幸福。實際上，恰恰相反，幸福其實會帶來更多的成功。就像賽車一樣，車好就會跑得快，而不是跑得快車就好。所以，它中間需要換輪胎、加油等。人也一樣，先讓自己幸福，讓自己的狀態更好，你才會成功。」

——泰勒・本・沙哈爾

人生本來就是「糊塗」的，所有的快樂和幸福都藏在「糊塗」中，一旦清醒，那些快樂和幸福也會跟著煙消雲散。因此，我們要學著提醒自已豁達，該糊塗的就糊塗，不該知道的就別硬要求個結果。

放下包袱，持花而行
——獲得恰到好處的幸福感

「捨得」一詞，最早出自《了凡四訓》：「『捨得』者，實無所捨，亦無所得，是謂『捨得』。」故《金剛經》云：「應無所著而生其心。」

隨著光陰的流轉，「捨得」這一禪理，又迅速滲透到了中國老百姓的日常生活之中，並逐步演進爲一種雅俗共賞、啓迪心智的「生活禪」。

「捨得」既是一種生活的哲學，更是一種幸福的藝術。

王昭君捨棄了錦衣玉食的宮廷生活，踏上了黃沙漫天的西域之路，卻得到了天下的一時太平與後世的無限讚美；

司馬遷捨棄了尊嚴，在牢中懷著更爲強烈的憂憤之情寫成了《史記》，完成了一部任何歷史書籍都不能與之相比的恢宏史詩；……

捨棄是一種智慧，也是一種境界，懂得捨棄的人才能得到真正的幸福。

1 幸福不是沒有得到的和失去的，而是現在擁有的和正在發生的

從前有一座圓音寺，每天都有許多人來這裏上香拜佛，香火很旺。在圓音寺廟前的橫梁上，有個蜘蛛結了張網，由於每天都受到香火和虔誠的祭拜的薰陶，蛛蛛逐漸有了佛性。經過一千多年的修煉，蛛蛛的佛性增加了不少。

忽然有一天，佛祖光臨圓音寺，看見這裏香火甚旺，十分高興。離開寺廟的時候，不經意間一抬頭，看見了橫梁上的蜘蛛。

佛祖停下來，問這隻蜘蛛：「你我相見總算是有緣，我來問你個問題，看你修煉了這一千多年來有什麼真知灼見，怎麼樣？」

蜘蛛遇見佛祖很是高興，於是連忙答應。佛祖問道：「世間什麼才是最珍貴的？」

蜘蛛想了想，回答道：「世間最珍貴的是『得不到』和『已失去』。」

佛祖點了點頭，離開了。

又過了一千年，有一天，刮起了大風，風將一滴甘露吹到了蜘蛛網上。蜘蛛望著甘露，見它晶瑩透亮，很漂亮，頓生喜愛之意。蜘蛛每天看著甘露很開心，牠覺得這是三千年來最開心的幾天。突然，又刮起了一陣大風，將甘露吹走了。蜘蛛一下子覺得失去了什麼，感到很寂寞、很難過。

這時佛祖又來了，問蜘蛛：「蜘蛛，這一千年來，你可有好好想過，世間什麼才是最珍貴的？」蜘蛛想到了甘露，對佛祖說：「世間最珍貴的還是『得不到』和『已失去』。」

佛祖說：「好，既然你有這樣的認識，我讓你到人間走一遭吧。」

就這樣，蜘蛛投胎到了一個官宦家庭，成了一個富家小姐，父母為她取了個名字叫蛛兒。一晃，十六年過去了，蛛兒也長成了一個婀娜多姿的少女，她生得十分漂亮，楚楚動人。

這一日，新科狀元郎甘鹿中士，皇帝決定在後花園為他舉行慶功宴席。宴席上來了許多妙齡少女，蛛兒也在其中，還有皇帝的女兒長風公主。狀元郎在席間表演詩詞歌賦，大獻才藝，在場的少女無一不折服於他。但蛛兒一點兒也不怕他被別人搶走，因為她知道，這是佛祖賜予她的姻緣。

過了些日子，蛛兒陪同母親上香拜佛，正好甘鹿也陪同母親而來。上完香、拜過佛後，兩位長者在一邊說上了話，蛛兒和甘鹿便來到走廊上聊天。蛛兒很開心，因為她終於可以和喜歡的人在一起了，但是甘鹿卻並沒有表現出對她的喜愛。

蛛兒對甘鹿說：「你難道不曾記得十六年前圓音寺的蜘蛛網上的事情了嗎？」甘鹿很詫異，說：「蛛兒姑娘，你很漂亮，也很討人喜歡，但你的想像力未免太豐富了點兒吧。」說罷便和母親離開了。

蛛兒回到家，心想：佛祖既然安排了這場姻緣，為何不讓他記得那件事，甘鹿為何對我沒有一點兒感覺呢？

幾天後，皇帝下詔：命新科狀元甘鹿和長風公主完婚；蛛兒和太子芝草完婚。這一消息對蛛兒如同晴天霹靂，她怎麼也想不通，佛祖竟然會這樣對她！幾日來，她不吃不喝，靈魂就將出竅，生命危在旦夕。

太子芝草知道後，急忙趕來，撲倒在床邊，對奄奄一息的蛛兒說道：「那日，在後花園眾姑娘中，我對你一見鍾情，我苦求父皇，他才答應。如果你死了，我也不活了。」說著就拿起寶劍準備自刎。

就在這時，佛祖來了，他對快要出竅的蛛兒的靈魂說：「蜘蛛，你可曾想過，甘露（甘鹿）是由誰帶到你這裏來的呢？是風（長風公主）帶來的，最後也是風將它帶走的。甘鹿是屬於長風公主的，他於你而言不過是生命中的一段插曲。而太子芝草是當年圓音寺門前的一棵小草，他看了你三千年，愛慕了你三千年，但你卻從沒有低下頭看過它。蜘蛛，我再來問你，世間什麼才是最珍貴的？」

蜘蛛聽了這些真相之後，頓時大徹大悟。她對佛祖說：「世間最珍貴的不是『得不到』和『已失去』，而是現在能把握的幸福。」剛說完，佛祖就離開了，蛛兒的靈魂也歸位了。蛛兒睜開眼睛，看到正要自刎的太子芝草，便馬上打落寶劍，和太子緊緊地抱在了一起……

故事結束了，你能領會蛛兒最後一刻所說的話嗎？「世間最珍貴的不是『得不到』和『已失去』，而是現在能把握的幸福。」

該怎麼把握現在的幸福？

塡不滿的是欲海，攻不破的是愁城。放寬心，把握現在，才能得到真正的幸福。在追逐中別忘了停停腳，欣賞一下現在所擁有的。像蘇軾一樣，不管那追不到的長壽，不想那無意義的「無盡」，把握好現在，盡情陶醉於「江上之清風」和「山間之明月」。既然現在已經有足以令自己幸福的東西了，又爲何置之不理，而爲欲望煩惱呢？

2 要想取之，必先予之——要幸福，必須學會付出

當第二次世界大戰的硝煙剛剛散盡時，以美英法為首的戰勝國幾經磋商後，決定在美國紐約成立一個協調處理世界事務的聯合國。一切準備就緒之後，大家才驀然發現，這個全球至高無上、最有權威的世界性組織竟找不到自己的立足之地。

買一塊地皮吧，剛剛成立的聯合國機構身無分文；讓世界各國籌資吧，牌子剛剛掛起，就要向世界各國搞經濟攤派，負面影響太大，況且剛剛經歷了戰爭的浩劫，各國都財庫空虛，甚至許多國家財政赤字居高不下，在寸土寸金的紐約買下一塊地皮，並不是一件易事。

聽到這一消息後，美國著名的家族財團洛克菲勒家族經商議，果斷出資八百七十萬美元，在紐約買下了一塊地皮，並將這塊地皮無條件地贈送給了這個剛剛掛牌的國際性組織——聯合國。同時，洛克菲勒家族還將毗鄰這塊地皮的大面積土地全部買了下來。

對洛克菲勒家族的這一出人意料之舉，許多美國大財團都吃驚不已——八百七十

萬美元，對於戰後經濟萎靡的美國和全世界而言，都是一筆不小的數目，而洛克菲勒家族卻將它拱手相贈，並且什麼條件都沒有。

這條消息傳出後，美國許多財團主和地產商都紛紛嘲笑說：「這簡直是蠢人之舉。」並斷言：「這樣經營不要十年，著名的洛克菲勒家族財團便會淪落為著名的洛克菲勒家族貧民集團。」

但出人意料的是，聯合國大樓剛剛完工，毗鄰它四周的地價便立刻飆升了起來，相當於捐贈款數十倍、近百倍的巨額財富源源不斷地湧進了洛克菲勒家族。這種結局令那些曾經譏諷和嘲笑過洛克菲勒家族的商人們目瞪口呆。

其實，許多時候，贈予也是一種經營之道。只有捨去，才能得到。就像對待生活一樣，過去的，我們總是無限回憶、無限追思，卻不知前面的風景更加美好。向前看，才會有所發展、有所進步。

兩千多年前的老子清醒地認識到了人類貪欲自私的弱點，告誡世人千萬要注意，不要因爭名逐利而喪身，要克制自己的欲望，「見素抱樸，少私寡欲」，順應自然，知足知止，要知道「甚愛必大費，多藏必厚亡」的道理，物極必反、盛極而衰是已被歷史證明了的。所以，在名與利、得與失上，要時刻保持清醒的頭腦和明智的選擇，只有這樣，才可以「知足不辱，知止不殆」，你的生命、名聲、利益才可以長久。

從現在起，嘗試著站在新的角度，以一顆積極健全的心去對待生活中的點點滴滴。

第一，**用一顆平常心去看待得與失**。

威爾．羅起士是非常著名的幽默大師，他每天都是幸福的——即使是在他失去了什麼東西的時候。這一方面得益於他樂觀豁達的性格，更重要的是他懂得如何用一顆平常心去看待得與失。

一八九八年冬天，威爾．羅起士繼承了一個牧場。

有一天，他養的一頭牛為了偷吃玉米，衝破了附近一戶農家的籬笆，最後被農夫殺死，依當地牧場的共同約定，農夫應該通知羅起士並說明原因，但是農夫沒有這樣做。羅起士知道這件事後非常生氣，就帶著傭人一起去找農夫理論。

此時正值寒流來臨，他們走到一半，馬車上掛滿了冰霜，人也幾乎要凍僵了。好不容易抵達木屋，農夫卻不在家，農夫的妻子熱情地邀請他們進屋等待。羅起士進屋取暖時，看見婦人十分消瘦憔悴，而且桌椅後還躲著五個瘦得像猴子一樣的孩子。

不久，農夫回來了，妻子告訴他：「他們可是頂著狂風嚴寒而來的。」

羅起士本想開口與農夫理論，卻又忽然打住了，他只是伸出了手。農夫完全不知道羅起士的來意，便開心地與他握手、擁抱，並邀請他們共進晚餐。

農夫滿臉歉意地說：「不好意思，委屈你們吃些豆子，原本有牛肉可以吃的，但是忽然刮起了風，還沒準備好。」孩子們聽見有牛肉可吃，高興得眼睛都發亮了。

吃飯時，傭人一直等著羅起士開口談正事，以便處理殺牛的事。但是，羅起士與這家人開心地有說有笑，似乎是忘記了這件事。

飯後，天氣仍然相當差，農夫一定要兩個人住下，第二天再回去。於是，羅起士與傭人在那裏過了一晚。

第二天早上，他們吃了一頓豐富的早餐後就告辭回去了。

在寒流中走了這麼一趟，羅起士對此行的目的卻閉口不提。在回家的路上，傭人忍不住問他：「我以為你準備去為那頭牛討個公道呢！」

羅起士微笑著說：「是啊，我本來是抱著這個念頭的，但是，後來我又盤算了一下，決定不再追究了。你知道嗎？我並沒有白白失去一頭牛，因為我得到了一點兒人情味。畢竟，牛在任何時候都可以獲得，然而人情味，卻並不容易得到。」

世界上不是缺少美，而是缺少發現美的眼睛。我們擁有一個共同的世界，但卻有著不同的世界觀。每個人都有一雙眼睛，用以分辨事物，這是自然的造化。其實我們還有一雙眼睛，它不是長在臉上，而是長在心中，那就是心智的眼睛。這雙眼睛比那雙自然的更重要，它告訴我們該如何看待身外的世界、如何看待自己。

故事中的羅起士失去了一頭牛，卻換得了農夫一家人的笑容和幸福，這段經歷更讓他懂得生命中哪些才是無價的。

你是不是也和羅起士一樣，偶爾也會遇到丟「牛」的情況？每到這個時候，我們不妨也學一學羅起士，以一顆平常心看待自己失去的東西，因爲在我們失去什麼的時候，也許我們在其他方面已經得到了更加寶貴的東西。

第二，**學會「贈人玫瑰，手有餘香。」**

他瘋狂地熱愛著藝術，拼命地工作，拼命地節衣縮食，一輩子下來，從倫勃朗、畢卡索到其他著名畫家的作品，他應有盡有。

他漂亮的妻子因為難產早早地去了，僅有一子。兒子長大後繼承父業，成了一名收藏家。父親對此感到十分欣慰。

時局動盪，國家突然捲入了一場戰爭，兒子也參軍去了。很快，戰爭結束了，可兒子卻沒有回來。

兒子的死對他來說無疑是一個重大的打擊，他因此一下子蒼老了許多。耶誕節到了，但他一點兒都不快樂，甚至連飯都懶得吃，因為他實在無法想像沒有兒子的日子該怎麼過？

突然，門鈴響了，他打開門，只見一個年輕人拿著個小包站在那裏。

「先生，也許您不認識我。我就是您兒子犧牲時救下的那個傷兵。」說到這裏，年輕人變得很激動，「我不是個有錢人，沒有什麼值錢的東西送給您，以感謝您兒子對我的救命之恩。我和您兒子是好朋友，我聽他說過您愛好藝術，雖然我不是十分擅長畫畫，但我還是憑著記憶為他畫了幅肖像，希望您收下。」

他接過包裹，一層一層慢慢打開，然後顫抖地走上樓，來到畫室，取下了壁爐前畢卡索的畫，掛上兒子的肖像。他老淚縱橫地對年輕人說：「孩子，這是我一輩子最珍貴的收藏。對我來說，它是我的生命，它比我家任何一件作品都值錢！」

後來，他在年輕人的陪伴下吃了頓飯，一起過了耶誕節。然後，年輕人留下了一大堆感謝的話就走了。

一年後，終日憂鬱不樂的父親去世了。他收藏的所有藝術品都託付給了他的律師進行拍賣。

拍賣會定於耶誕節舉行。來自世界各地的博物館長和私人收藏家紛紛從不同的方向趕來，他們急切地想在這場拍賣會上投標。

拍賣師站起來說：「首先，非常感謝各位的光臨！現在開始拍賣：第一件拍賣品是我身後這幅肖像畫。」

後排有人大聲叫喊：「這不過是老人兒子的畫像，我們感興趣的是絕世真品，請直接進入名畫拍賣吧！」

拍賣師解釋：「不行，先生有言在先，先得拍賣完了這幅畫像，其他才能繼續。」

會場再一次靜下來了。拍賣師說：「這幅畫起價一百美元。誰願意投標？」

會場依然很安靜。

他又問：「五十美元，有人願意出嗎？」還是沒人答話。

他繼續問：「四十美元，有人願意出嗎？」仍然沒有人吭聲。

拍賣師看起來有些沮喪，由於緊張，連聲音都變得有些顫抖了，他問：「所有在座的各位是不是沒人願意對這幅畫進行投標？」

就在這時，一個滿臉滄桑的老人站起來說：「先生，十美元可以嗎？這裏所有人都知道，十美元是我的全部家當了。我是收藏家的鄰居，我很喜歡這個孩子，我是看著他長大的。說實話，我確實很想念他，我想買這幅畫，十美元可以嗎？」

拍賣師說：「可以。十美元，一次；十美元，兩次。成交！」

人群中立即爆發出一陣歡呼，人們議論紛紛：「嘿，太棒了，現在終於可以進入正題了。」

拍賣師立即說：「再次感謝各位的光臨！很高興各位能來參加這個拍賣會。今天的拍賣會到此結束！」

人們覺得很奇怪，甚至有點兒被激怒了：「這是什麼意思？你還要拍賣其他作品呢！」

拍賣師神情嚴肅地說：「很抱歉，各位，拍賣會已經結束了。根據那位父親的遺囑，誰買了他兒子的畫像，誰就是他所有收藏品的新主人。這就是底價！」

喬治．艾略特說：「如果我們想要更多的玫瑰花，就必須種植更多的玫瑰樹。」或許生活本來就沒有不平凡的含義，關鍵在於你如何看待它、如何對待它。理智而樂觀的人對別人不會期許太多，因爲他明白，你如何對待別人，別人就會如何對待你。想要走進別人的心靈，首先自己就要敞開胸懷。

兩個釣魚高手一起到魚池垂釣。這二人各憑本事，一展身手，沒過多久，兩人皆大有收穫。

忽然間，魚池附近來了十多名遊客。他們看到這兩位高手輕輕鬆鬆就把魚釣上來，十分羡慕，於是都到附近去買了一些釣竿來釣魚。但這些不擅此道的遊客怎麼釣都毫無成果。

話說那兩位釣魚高手的個性相當不同。其中一人性格孤僻，不愛搭理別人，單享獨釣之樂；而另一位卻是個熱心、豪放、愛交朋友的人。

愛交朋友的這位高手看到遊客釣不到魚，就說：「這樣吧！我來教你們釣魚，如果你們學會了我傳授的訣竅，釣到了一大堆魚，那就每十尾分給我一尾，不滿十尾則不必給我。」

雙方一拍即合。

教完這一群人，他又到另一群人中，同樣也傳授釣魚術，依然要求每釣十尾回饋給他一尾。

一天下來，這位熱心助人的釣魚高手把所有時間都用在了指導垂釣者身上。雖然他自己沒釣成魚，可他卻獲得了滿滿一大筐魚，還認識了一大群新朋友，被他們左一聲「老師」、右一聲「老師」地叫著，備受尊崇。

而同來的另一位釣魚高手卻沒有享受到這種服務人們的樂趣。當大家都圍繞著他的同伴學釣魚時，他就更顯得孤單落寞了。悶釣了一整天，檢視竹簍裏的魚，收穫遠沒有同伴多。

在生活中，我們都希望得到別人的支持和理解，更希望得到別人的關心。我們幫助別人也等於幫助自己，古語有云：「己欲利，先利人；己欲達，先達人。」我們都處於一個大集體中，每個人都不可能孤立地存在，有時候，我們也需要別人的幫助，而在這個時候，站出來幫我們的往往就是那些我們曾經幫過的人。

因此，不要吝嗇，不要小氣，多幫幫別人，一聲問候、一個鼓勵的眼神、一句讚美的話，都會給他人帶來快樂，也會給你帶來意想不到的收穫。

第三，**為對手叫好，得到的會更多**。

不少人與人初次見面時都很客氣，與人短時間相處也能做到謙讓付出，可是時間一長就相處不好了，不願爲對方付出，甚至斤斤計較起來。那是因爲相處久了，就會產生一種視對方爲工作和生活中的競爭對手的心理，以致處處戒備和設防，對他的笑容減少了，客氣話也少了，而挖苦與諷刺卻多了。

當我們自己取得成功的時候，總是會興奮不已，希望有人爲自己鼓掌。可是當身邊人，包括你的「假想敵」、你的對手取得成功的時候，你該怎樣去面對呢？是嫉妒還是欣賞？是大聲叫好還是不屑一顧？尤其是平日相處得很緊張、很不快樂的人成功了，這時若你爲他鼓掌，有利於化解對方對你的不滿和成見，改變他對你的態度，他會覺得你慷慨地付出了自己的真誠，之後也會給予你支持。

人都是這樣，死結越擰越緊，活結雖複雜，卻容易打開。對他人多鼓掌，這種付出不需要你花多少錢，但它給你帶來的利益卻很大。

一九九一年十一月三日夜，美國大選揭曉。當選為總統的柯林頓在競選總部前他的支持者們的聚會上發表即席演說，先是言辭懇切地感謝昨天還在互相唇槍舌劍、猛烈攻擊的主要政敵現任總統布希，感謝布希從一名戰士到一位總統期間為美國做出的出色服務，並呼籲布希和另一位對手佩羅及其支持者與他團結合作，在他未來任職的四年，在全面振興美國的大變革中，繼續忠誠地服務於祖國。

而遠在異地的布希也打電話祝賀柯林頓成功地完成了「強有力的競選」，他還調侃地告誡柯林頓：「白宮是個累人的地方。」並保證他本人和白宮各級人士將全力以赴地與柯林頓的班子合作，順利完成交接工作。

這種客氣，在某種意義上就是一種付出，精神的付出。競選的成功與失敗，對於布希和柯林頓這兩個對手來說，歡樂與悲哀都是不言而喻的，但在現實面前，兩個對手保持了高度的理智，爲雙方的成績表現出了超然的風度。

古馬其頓國王亞歷山大帝和波斯國王大流士在伊蘇斯展開了激烈大戰，大流士敗逃。

波斯王宮中的一個僕人逃到了大流士那裏，大流士向他詢問自己的母親、妻子和孩子們是否還活著，僕人回答：「他們都還活著，而且人們對他們的殷勤禮遇跟您在位時一模一樣。」

大流士聽完之後又問他的妻子是否仍忠貞於他，僕人的回答仍是肯定的。於是他又問亞歷山大是否曾對她強施無禮，僕人先發誓，隨後說：「大王陛下，您的王後跟您離開時一樣，亞歷山大是最高尚的人，他是最能控制自己的英雄。」

大流士聽完僕人這句話，雙手合十，對著蒼天祈禱說：

「啊！宙斯大王！您掌握著人世間帝王的興衰大事。既然您把波斯和米地亞的主權交給了我，我祈求您，如果可能，就保佑這個主權天長地久。但是如果我不能繼續在亞洲稱王了，我祈禱您千萬別把這個主權交給別人，只交給亞歷山大，因為他的行為高尚無比，對敵人也不例外。」

亞歷山大的付出得到了對手大流士的真誠祈禱，從某種程度而言，這也是一種

「不戰而屈人之後」，而且這裏「屈」的還是對方的首領。

為親朋付出容易，為泛泛之交付出困難，為對手付出更難。付出既有物質上的，也有精神上的。當別人有困難的時候，你的一句鼓勵就是給予；當別人成功的時候，你的幾聲掌聲就是禮物。

一位成功人士說：「為競爭對手叫好，並不代表自己就是弱者。為對手叫好，非但不會損傷自尊心，相反還會收穫友誼與合作。」

為對手叫好是一種美德，你付出的是讚美，得到的是感激；為對手叫好是一種智慧，因為你在欣賞他們的同時，也在不斷提升和完善自我；為對手叫好是一種修養，讚賞對手的過程，也是自己矯正自私與妒忌心理，從而培養大家風範的過程；為對手叫好是一種謀略，能做到放低姿態為對手叫好，那他在做人做事上必定會成功。

吃點兒糊塗虧
——用外在的吃虧換來心靈的平和與寧靜

在中國的傳統思想中，「吃虧是福」已成爲一種習慣，這是中國哲人所總結出來的一種人生觀。它包括了愚笨者的智慧、柔弱者的力量，以及對生命含義的曠達和由吃虧退隱而帶來的安穩寧靜的領略。

1 用物質上的不合算換取精神上的超額快樂

據報載，曾任盛大網路總裁唐駿在卡拉OK盛行的時候，研發了一個專門用於卡拉OK設備的打分機——演唱者唱完一首歌後，打分機會自動打出分數。

這一設備增加了賣點。三星公司以八萬美元的價格買斷了唐駿該項專利後，其卡拉OK設備在整個市場所占的份額一下子從百分之十幾提高到了百分之三十多。三星的競爭對手日本先鋒公司向三星購買專利使用權，花了一百五十萬美元。三星依靠該項專利成了大贏家，很多朋友都覺得唐駿特別虧。

但這位IT行業的風雲人物在談到早年的吃虧經歷時卻沒有一絲遺憾，相反，他對當年的吃虧是心懷感激的。唐駿說：「應該感謝三星公司，如果沒有三星來買這項專利，就沒有我創業之初八萬美元的啟動資金，也許後來我的事業也不會有現在這麼順利。」同時，唐駿也認為，這件事也教會他如何將專利變成商品，使他從一個學者型的人變成了一個事業型的人。

生命中吃點兒虧算什麼？吃虧若是能換來非常難得的和平與安全，換來身心的健康與快樂，吃虧又有什麼不值得的呢？況且，在吃虧後的和平與安全的時期之內，我們可以重新調整自己的生命，使它再度放射出絢麗的光芒。

吃虧是福。因為人都有趨利的本性，你吃點兒虧，讓別人得利，就能最大限度地調動別人的積極性，使你的事業興旺發達。

有位哲人曾寫下這樣一段令人怦然叫絕的文字，這也的確是對「吃虧是福」的最好詮釋：

「人，其實是一個很有趣的平衡系統。當你的付出超過你的回報時，你一定會取得某種心理優勢；反之，當你的獲得超過你付出的勞動，甚至不勞而獲時，便會陷入某種心理劣勢。很多人拾金不昧，決不是因爲跟錢有仇，而是因爲不願意被一時的貪欲搞壞長久的好心情。一言以蔽之：人沒有無緣無故的得到，也沒有無緣無故的失去。有時，你是用物質上的不合算換取精神上的超額快樂；有時，看似占了金錢便宜，實際卻在不知不覺中透支了精神的快樂。」

先哲強調的「吃虧是福」就是這樣一個道理。

唐代的兩位智者寒山與拾得的對話也許會對我們有所啓發。

一日，寒山謂拾得：「今有人侮我、笑我、藐視我、毀我、傷我、嫌惡恨我、詭譎欺我，則奈何？」拾得曰：「子但忍受之，依他、讓他、敬他、避他、苦苦耐他、不要理他。且過幾年，你再看他。」

那個高傲不可一世之人的結局可想而知，而我們也一定可以想像得出寒山勝利的微笑。

一個人幸福與否，往往取決於他的心境如何。如果我們能用外在的東西，換來心靈上的平和，那無疑是獲得了人生的幸福，這便是值得的。

有人問李澤楷：「你父親有教你一些怎樣成功賺錢的秘訣嗎？」李澤楷說，賺錢的方法他父親什麼也沒有教，只教了他一些爲人的道理。李嘉誠曾經這樣跟李澤楷說，他和別人合作，假如對方拿七分合理，八分也可以，那麼李家拿六分就可以了。

李嘉誠的意思是，他吃虧可以爭取更多人願意與他合作。你想想看，雖然他只拿六分，但那六分讓他多了一百個合作人，那他現在能拿多少個六分呢？假如拿八分的話，一百個人就會變成五個人，結果是虧是賺不言而喻。

李嘉誠這一生中與很多人進行過或長期或短期的合作。分手的時候，他總是願意自己少分一點錢。如果生意做得不理想，他就什麼也不要，寧願吃虧。這是種風度，是種氣量，也正是這種風度和氣量，才讓別人樂於與他合作，他也因此越做越大。所以，李嘉誠的成功更得力於他恰到好處的處世交友經驗。

吃虧是福，乃智者的智慧。不管你是做老闆，還是做生意場上的夥伴，手下的人跟著你有好日子過、有前途，他才會一心一意地與你合作、爲你做事。因爲他知道老闆生意好了他才會好。你不能給你的員工或合作夥伴帶來好處，他們才會朝三暮四。

有人一旦與朋友分手，就會翻臉不認人，不想吃一點虧，這種人是否聰明不敢說，但可以肯定的是，一點虧都不想吃的人，只會讓自己的路越走越窄。讓步、吃虧是一種必要的投資，也是與朋友交往的必要前提。

爲什麼呢？在生活中，人們對處處搶先、占小便宜的人一般都沒有什麼好感。佔便宜的人首先在做人上就吃了大虧，因爲他處處搶先，從來不爲別人考慮，眼睛總是盯著他看好的利益，迫不及待地跳出來佔有它。這樣的行爲會引起他周圍的人的反感，合作幾個來回就再也不想與他合作下去了。合作夥伴一個個離他而去，他難以找到願意與他重新合作的人，這不是吃了大虧嗎？

2 有些事情不必太認真——糊塗點，活出瀟灑的幸福

毫無疑問，如何做人是一門精深的學問，多少不甘寂寞，試圖領悟到人生真諦的人，用盡畢生精力，追崇做人之道，探尋處世之理，苦苦攀登輝煌的人生。然而人生的複雜性注定人們不可能在有限的時間裏洞察出人生的全部內涵，所以我們對人生的理解和感悟總是局限在事件的啓迪上，比如：做人不能太較真便是其中一理，這正是有人活得瀟灑，有人活得累的原因所在。

做人固然不能玩世不恭、遊戲人生，但也不能太較真、認死理。有道是「水至清則無魚」，太認真了，就會對什麼都看不慣，連一個朋友都容不下，把自己同社會隔絕開。鏡子很平，但在高倍放大鏡下，看似平坦的鏡面就成了凹凸不平的「山巒」；肉眼看起來很乾淨的東西，拿到顯微鏡下，滿目都是細菌。如果我們「戴」著放大鏡、顯微鏡生活，恐怕連飯都不敢吃了。同理，若用放大鏡去看別人的毛病，恐怕那人都要罪不容誅、無可救藥了。

第一，**幸福藏在糊塗裏**。

春秋時，楚王大宴群臣，名叫太平宴。文武大小官員、寵姬妃嬪，統統都要出席。席間奏樂歌舞，美酒佳餚，飲至黃昏，興猶未盡。於是楚王下令點亮蠟燭，繼續夜宴，還特別叫最寵愛的兩位美人許姬和麥姬，輪流向眾人敬酒。

此時，忽然吹來一陣怪風，吹熄了所有蠟燭，宮殿中暫態漆黑一團。席上一位官員乘機摸了許姬的玉手，許姬一甩手，扯斷了他的帽帶，匆匆回座附耳對楚王說：「剛才有人乘機調戲我，我扯斷了他的帽帶，趕快叫人點起蠟燭，看看誰沒有帽帶，就知道是誰了。」

楚王聽了，卻忙命不要點燭，並大聲向眾人說：「今晚，務要與諸位同醉。來，大家都把帽子除下來痛飲。」於是各官除掉帽子，之後楚王才命令點燭。大家都不戴帽子了，也就看不出是誰的帽帶斷了。

席散回宮，許姬怪楚王不給她出氣，楚王笑說：「此次宴會，目的在於狂歡。酒後狂態，乃人之常情，若要追究，豈不是大煞風景，豈是宴會原意？」

許姬聽後，方服了楚王裝糊塗的用意。這就是有名的「絕纓會」。

後來楚王伐鄭，有一健將獨率數百人，為三軍開路，斬將過關，直逼鄭的首都，使楚王聲威大震，這位將軍後來承認，他就是當年摸許姬的那個人。

在人生中，我們定會遇到許許多多令自己「難堪」的情境，對此，我們可以借助於「糊塗」，「忍讓」一下，不過於斤斤計較，暫時「吃點小虧」，作點「退卻姿態」。這種「糊塗」，可以讓你有更多的時間去享受人生，具有「保護自己」的功能。

因此，裝糊塗在人際相處上很重要。心胸開闊些，寬容大度些，也就大事化小、小事化了了。如果發生意見不一致，爭論一陣，見不出高低，便不必再爭論了。不涉及原則性的大是大非，何必非爭個清楚明白呢？你知道自己的意見正確，而對方也同樣認爲自己正確，這時就應當裝糊塗，讓爭論在和平的氣氛中結束。這才是一種正確的生活態度。

中國人的處世哲學含蓄謙修、內斂沉穩，大智若愚被奉若真理，鋒芒畢露則爲人不齒。

有人說，聰明難，糊塗更難。真的是這樣嗎？這個糊塗應該不是真的糊塗吧！所以，這句話應該是，聰明難，揣著聰明裝糊塗——更難。

第二，**人非聖賢，孰能無過**。

與人相處要互相諒解，經常以「難得糊塗」自勉，求大同存小異，有肚量能容人，這樣你就會有許多朋友，且左右逢源，諸事遂願；相反，如果你事事都「明察秋毫」，眼裏容不得半粒沙子，什麼雞毛蒜皮的小事都要論個是非曲直，有理不饒人，無理攪三分，那麼人家也會躲你遠遠的，最後，你只能關起門來「稱孤道寡」，成爲使人避之惟恐不及的異己之徒。

古今中外，凡是能成大事的人都具有一種優秀的品質，就是能容人所不能容，忍人所不能忍，善於求大同存小異，團結大多數人。他們極有胸懷，豁達而不拘小節，著眼於大處而不會目光如豆。

全球最大的網上書店亞馬遜公司的總裁傑夫·貝索斯小時候經常在暑假隨祖父母一起開車外出旅遊。

貝索斯十歲那年，有一次在旅遊途中看到了一條反對吸菸的廣告：吸菸者每吸一口菸，他的壽命就會縮短兩分鐘。看到這個，貝索斯想起自己的祖母也在吸菸，而且已經有三十年的菸齡了。於是，他便自作聰明地開始計算祖母吸菸的次數。

計算的結果是：祖母的壽命將因吸菸而縮短十六年。小孩子無知，他得意地就把這個結果告訴了同行的祖母，而祖母卻傷心地放聲大哭了起來。

祖父見狀，便把貝索斯叫下車，然後拍著他的肩膀說：「孩子，總有一天你會明白，仁愛比聰明更難做到。」

祖父的這句話雖然只有短短的十幾個字，卻令貝索斯終生難忘。從那以後，他一直都按照祖父的教誨做人。

真正聰明的人不會自以爲是，他們以謙虛好學爲榮，常因自己的無知或不如人而慚愧，向別人求教，豐富和完善自我是他們的目的。即使自己確有才智，也不會四處出風頭、刻意地炫耀或展示自己。

不過，要真正做到不較真、能容人，也不是簡單的事。這需要有良好的修養，以及善解人意的思維方法。從對方的角度設身處地地考慮和處理問題，多一些體諒和理解，就會多一些寬容，多一些和諧，多一些友誼。

在公共場所遇到不順心的事，實在不值得生氣。素不相識的人冒犯你肯定是別有原因的，或許是有煩心事使他這一天情緒惡劣、行爲失控，正巧讓你趕上了，只要沒有侮辱你的人格，我們就應寬大爲懷、不以爲意，或以柔克剛、曉之以理。總之，不能與這位與你原本無仇無怨的人瞪著眼睛較勁。若真較起真來，大動肝火，刀對刀、槍對槍地幹起來，釀出個什麼後果，那就犯不上了。

家庭問題如果非要用「階級鬥爭」的眼光看問題，分出個對和錯來，又有什麼意義呢？人們在單位、社會上充當著各種各樣的規範化角色，克盡職守的國家公務員、精明體面的商人，還有廣大工人、職員，一回到家裏，脫去西裝革履，也就脫掉了你所扮演的這一角色的「行頭」，即社會對這一角色的規矩和種種要求、束縛，還原了你的本來面目，使你盡可能地享受天倫之樂。假若你在家裏還跟在社會上一樣認真、一樣循規蹈距，每說一句話、做一件事都要考慮對錯、妥否，顧忌影響、後果，掂量再三，那不僅可笑，也太累了。所以你一定要清楚，在家裏，你就是丈夫，就是妻子。所以，處理家庭瑣事要採取「綏靖」政策，安撫為主，大事化小，小事化了，當個笑口常開的和事佬。

家是避風的港灣，應該是溫馨和諧的，所以千萬別把它演變成狼煙四起、雞飛狗跳、充滿火藥味的戰場，而這關鍵就要看你自己怎麼去把握了。

糊塗是一種心態、一種幸福，秉持糊塗的心態做人，自然能妥善地對待世間的人和事，既尊重了自己，又贏得了別人的尊敬。

3 今天你成他人之幸福，明天他人成你之幸福

今天成他人之美，明天他人成你之美。不要事事都和別人爭，有些東西該放棄的還是要放棄，不要捨不得，到頭來給自己留下終身遺憾。

寬容是幸福的良藥

古人云：冤冤相報何時了，得饒人處且饒人。這是一種寬容、一種博大的胸懷、一種不拘小節的瀟灑、一種偉大的仁慈。自古至今，寬容都被聖賢乃至平民百姓尊奉為做人的準則和信念，它已成為中華民族傳統美德的一部分，並且被視為育人律己的一條光輝典則。

在日常生活中，難免會發生這樣的事：親密無間的朋友，無意或有意做了傷害你的事，你是寬容他，還是從此分手，或待機報復？有句話叫「以牙還牙」，分手或報復似乎更符合人的本能心理。但這樣做了，怨會越結越深，仇會越積越多，到時就真成「冤冤相報何時了」了。如果你在受到切膚之痛後，採取別人難以想像的態度寬容對方，表現出別人難以達到的襟懷，你的形象就會暫態高大起來，你的寬宏大量、光明磊落也會使你的精神達到一個新的境界，讓你的人格折射出高尚的光彩。寬容，作為一種美德受到了人們的推崇，作為一

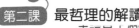

種人際交往的心理因素也越來越受到人們的重視和青睞。

二戰期間，一支部隊在森林中與敵軍相遇。激戰後，兩名戰士與部隊失去了聯繫。這兩名戰士來自同一個小鎮。

兩人在森林中艱難跋涉，他們互相鼓勵、互相安慰。十多天過去了，但他們仍未與部隊聯繫上。這一天，他們打死了一隻鹿，依靠鹿肉，他們又艱難地度過了幾天。可也許是戰爭使動物四散奔逃或被殺光的緣故，這以後他們再也沒看到過任何動物，僅剩的一點鹿肉，背在較年輕的戰士身上。這一天，他們在森林中又一次與敵人相遇，經過一場激戰，他們巧妙地避開了敵人。

就在自以為已經安全時，只聽一聲槍響，走在前面的年輕戰士中了一槍，幸虧只是傷在了肩膀上。後面的士兵惶恐地跑過來，他害怕得語無倫次，抱著戰友的身體淚流不止，並趕快把自己的襯衣撕下，包紮戰友的傷口。

晚上，未受傷的士兵一直念叨著母親的名字，兩眼直勾勾的。他們都以為他們熬不過這一關了，儘管饑餓難忍，可他們誰也沒動身邊的鹿肉。天知道他們是怎麼度過那一夜的。第二天，部隊救出了他們。

事隔三十年，那位受傷的戰士說：

「我知道誰開的那一槍，他就是我的戰友。當時在他抱住我時，我碰到了他發熱的槍管。那時我怎麼也不明白，他為什麼要對我開槍？但當晚我就寬容了他。因為我知道他想獨吞我身上的鹿肉，是想為了他的母親活下來。此後的三十年中，我假裝不知道此事，也從不提及。戰爭太殘酷了，他母親還是沒有等到他回去，我和他一起祭奠了老人家。那一天，他跪了下來，請求我原諒他，我沒讓他說下去。之後，我們又做了幾十年的朋友。」

即使是一個非常寬容的人，往往也很難容忍別人對自己的惡意誹謗和致命的傷害。但唯有以德報怨，把傷害留給自己，才能贏得一個充滿溫馨的世界。

釋迦牟尼說：「以恨對恨，恨永遠存在；以愛對恨，恨自然消失。」

美國第三任總統傑弗遜與第二任總統亞當斯從交惡到寬恕，就是一個生動的例子。

傑弗遜在就任前夕想到白宮告訴亞當斯，他希望針鋒相對的競選活動並沒有破壞他們之間的友誼。但據說傑弗遜還沒來得及開口，亞當斯便咆哮了起來：「是你把我趕走的！是你把我趕走的！」此後，兩人沒有交談達數年之久。

直到後來，傑弗遜的幾個鄰居去探訪亞當斯，這個堅強的老人仍在訴說那件難堪的事，但接著卻沖口說出：「我一直都喜歡傑弗遜，現在仍然喜歡他。」鄰居把這話傳給了傑弗遜，傑弗遜便請了一個彼此皆熟悉的朋友傳話，讓亞當斯也知道他的深重友情。

後來，亞當斯回了一封信給他，兩人從此開始了美國歷史上最偉大的書信往來。這個例子告訴我們，寬容是一種多麼可貴的精神。

寬容意味著理解和通融，它是融合人際關係的催化劑，是友誼之橋的緊固劑。寬容還能將敵意化解爲友誼。

戴爾·卡內基在電臺上介紹《小婦人》的作者時，心不在焉地說錯了地理位置。其中一位聽眾就寫信來罵他，把他罵得體無完膚。

他當時真想回信告訴她：「雖然我把區域位置說錯了，但從來沒有見過像你這麼粗魯無禮的女人。」但他控制住了自己，沒有向她回擊，他鼓勵自己將敵意化解爲友誼。他自問：「如果我是她的話，可能也會像她一樣憤怒。」

他儘量站在對方的立場上思索這件事情。之後，他打了個電話給那位聽眾，再三向她承認錯誤並表達歉意。這位太太也終於表示了對他的敬佩，並希望能與他進一步深交。

寬容是解除疙瘩的最佳良藥，它是你交友的上乘之道，能使你贏得朋友的友誼。退一步，海闊天空；忍一時，風平浪靜。對於別人的過失，必要的指責無可厚非，但若能以博大的胸懷去寬容別人，這個世界也會變得更精彩。

放棄競爭

唐朝有一個叫謝原的人，精通詞賦，善作歌詞，所作的歌詞在民間流傳甚廣。

有一年春天，謝原到張穆王家做客，張穆王親自接待了他。飲酒暢談之餘，張穆王讓自己的小妾談氏在簾子後面彈唱。

謝原仔細一聽，談氏唱的正是自己所作的一首竹枝詞。張穆王見謝原聽得十分出神，乾脆叫談氏出來拜見。

談氏長得非常漂亮，她接著又把謝原所作的歌詞都唱了一遍。謝原十分高興，猶如遇到了知音，對談氏產生了愛慕之情。他站起來說：

「承蒙夫人的厚愛，在下感激不盡。只不過，夫人所唱的是在下的粗淺之作，我應該重作幾首好詞，以備府上之需。」

次日，謝原即奉上新詞八首，談氏把它們一一譜曲彈唱，兩人配合得十分默契。

這樣一來，謝原和談氏你來我往、日久生情，終於有一天，謝原向談氏表白了。談氏雖然心裏歡喜，但自知是張穆王的小妾，身不由己。於是，謝原親自去拜見張穆王，請求張穆王成全。

照理說，哪個男人遇到這樣的事情不會大發雷霆呢？但張穆王卻哈哈大笑起來：「其實我早有此意了。雖然我也喜歡她，但你們兩個是天生的一對啊。一個作詞，一個譜曲；一個吹拉，一個彈唱。你說，這不是天造地設的一對嗎？」

謝原沒有想到張穆王竟會如此大度。

後來，為報答張穆王，謝原把此事寫成詞，談氏把它譜成曲，四處傳唱。張穆王成人之美的美名馬上傳播開來，很多有識之士都來投靠他。

成人之美是一種氣度、一種胸懷、一種君子風範。這種風範也就是我們時下經常提到的紳士風度。只有當這種風範成爲每個人的自覺追求時，天下才會安定，這個社會才會和睦。

【延伸閱讀】感到幸福的秘訣

幸福的主觀性很強，常常能夠感覺到，但是，卻無法真正地得到。

曾經有一位著名的心理學家在生活中提出了這樣九種能夠感到幸福的秘訣，我們共同分享一下。

（1）享受瞬間。享受當下，把握當前時刻。他要求人們要多生活在這樣一種狀態下——把孩子的微笑當作珠寶，在幫助朋友中得到滿足感，與好書裏的人物共歡樂。

（2）控制好自己的時間。幸福的人大多會為自己設置大量的目標，然後將其落實在每天的行動中。比如，一天寫三百頁書是一件艱難的事，然而，每天撰寫兩頁書則非常容易辦到。如果這樣堅持一百五十天，不就可以寫成一本書了嗎？其實這個原則適用於任何工作。

（3）增強積極情緒。有越來越多的現象顯示：消極的情緒使人沮喪，積極的情緒催人奮進。而幸福的人常做的一件事就是努力消除消極情緒。

（4）善待親近的人。這位心理學家告誡人們要學會善待親人，最好是學會如何對待親近的朋友、配偶、合夥人的不幸，比如喪親之痛、失業、疾病等。美國民意調查中心曾經的一份抽樣調查報告顯示：能一下數出五個親密朋友的人，有百分之六十比不能數出任何朋友的人更能感到生活幸福。

（5）面帶幸福感。實驗表明：真正面帶幸福感的人，他們更感到幸福。專家研究還表明，面部經常歡笑更能在大腦中引起幸福的感受。

（6）告別枯燥的生活。儘量不要沉溺在無所事事中，不要把自己限制在電視機前，要設法將自己置身於能應用你的技能的事情和環境中。

（7）多活動。室外鍛煉是對付壓力和焦慮的良藥，因為在「對常感到有一定壓力的大學生的一次調查研究」中表明，那些經常在室外鍛煉的學生情況要明顯好於不參加鍛煉者。

（8）好好休息。幸福的人精力往往比較充沛，但他們仍然需要留出一定的時間來陪伴親人和享受生活。

（9）關照心靈。專家對信仰和幸福的關係的研究表明：有信仰的人比沒有信仰的人更有幸福感。當然，信仰不可能讓我們免除所有悲哀，它不可能囊括一切，但是，信仰能常常提醒你沿著幸福的路前進。

第三課

最科學的解讀
——幸福的三個公式

「人生與商業一樣，有贏利和虧損。具體地說，在看待自己的生命時，可以把負面情緒當作支出，把正面情緒當作收入。當正面情緒多於負面情緒時，我們在幸福這一『至高財富』上就贏利了。」

——泰勒・本・沙哈爾

人的幸福源泉主要來自快樂。同時快樂又是看得見摸不著的主觀感受，對快樂的計量必然面對差異化、個性化和多元化的阻礙。通常來說，影響快樂的因素除了外部大環境，還有信仰、健康、家庭、事業和社交等微觀層面。

誰動了中國人的幸福

按國際通用測量法，幸福的指標包括生存狀況、生活品質、心理調適、人際關係和未來預期等。如果按此標準去計算中國人的幸福，那麼，今天中國普遍存在的住房危機、安全感缺失、教育致貧、人際疏離、生活壓力等現象，是否會讓幸福感打折？

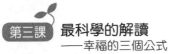

生存壓力：幸福是一種遙不可及的奢望？

房子、工作、人際、婚姻、面子、家庭……這些名詞帶著糾纏不清的關係，時刻壓迫著現代人，讓他們年輕時以命換錢，年老時以錢換命。職場壓力令英才早逝，學業和就業壓力令十五至廿五歲的人思覺失調。這些構成了百姓痛苦的關鍵。

個性原因導致的不幸福

我們經常會聽到有人感嘆：爲什麼我不幸福？或者，我的收入水準越來越高，爲什麼我的幸福感卻越來越低？當初那種篳路藍縷、餐風露宿、一簞食、一瓢飲、在陋巷的快樂是什麼時候遺失的？

智者曾說：「幸福感是衡量人生的唯一標準，長期的抑鬱可以被看成是一種情感破產。」很多人經常緊鎖眉頭，煢煢如白兔，東走西顧，早生華髮，那麼到底是誰偷竊了他們的幸福感？賺得了全世界，卻賠上了自己的性命，那又有什麼益處呢？人還能拿什麼換生命呢？賺到了錢，並不代表就賺到了幸福。

一個國際研究調查組織對廿五個發達國家的國民進行的一項「你是否每天都愉快」的抽樣調查表明，百分之六十以上的人已經做不到每天都有愉快的感覺了，其中百分之二十的人明確表示「我每天都不愉快」，還有人強調說：「我不知道怎樣才能愉快，我就是不愉快。」

若從自身性格原因出發，人們的幸福感降低的主要原因在於以下幾個方面：

(1)**愛攀比**。

攀比在心理學上被界定爲中性略偏陰性的心理特徵，即個體發現自身與參照個體發生偏差時產生負面情緒的心理過程。由於每個人的資源、條件、稟賦、機遇都不同，再加上社會上的一些不公平現象，在物質的佔有上是無法攀比的。如果你一定攀比，則必然會導致不滿足及幸福感落差。

現代人把主要精力都投入到了競爭中，比職位、比房子、比財富……比來比去，人們的心裏只剩下欲望，沒有了幸福。在現實中，有的爲得不到的失落而不滿、自卑；有的爲競爭而心悸、疲憊；有的爲得到的瞬間而亢奮、狂躁；有的在得到後空虛、自大。一旦你追求的不再是如何幸福，而是怎麼比別人幸福時，幸福也就離你越來越遠了。

(2)**唯錢是上**。

現在全社會都認爲，一個人是否成功，唯一的標準，就是有沒有錢，能不能開名車、住豪宅？有錢就幸福，有錢就成功，有錢就是英雄，這是當今世界的主流看法。然而，現實世界卻驗證了有錢並不一定就能得到幸福。一些人除了賺錢，不知道人生中的目標與追求到底是什麼，甚至不知道自己究竟想要什麼，這樣的人生又如何幸福？

以金錢與財富爲幸福準則，是永遠都得不到幸福的。

(3)**心胸陰暗**。

生活中有許多積極的、好的方面，但許多人卻忽略了它們，「只看到自己的不幸，忽略了自己的幸福」、「放大了別人的幸福，縮小了自己的快樂」才是其真實寫照。一些媒體爲了吸引眼球，也對生活中的負面事件大肆宣傳報導。雖然在一定程度上滿足了人們的好奇心，但同時也削弱了人們的積極心態。

(4) **過於利己**。

美國哈佛大學一項研究顯示，在生活中多去幫助他人，更能讓自己感到快樂。現代人往往把幸福看作是自我的滿足，因此樂於無私奉獻的人越來越少，斤斤計較的人越來越多。如果你總算計著「我能從中得到什麼」、「做這件事值不值得」，生活就會變得很累。

在善良的人眼裏，別人也都是善良的，即使遇到不平之事，也常常歸因於自己的失誤，獲得滴水之恩時更是會倍感幸福，覺得應以湧泉相報；而在自私的人看來，別人都是自私自利的，需時時防備，獲取再多，也總是不知足，覺得一切都是自己該得的，這自然就難以感受到幸福。

過於利己，必然患得患失、心胸狹窄，人際關係也好不到哪裡去。利己可以理解，自我也應該承認，但是人生活在人的世界中，生活在有意義的世界中，懂得顧及他人、服務他人、奉獻他人，你才能活得有意義、有價值，才能活得充實、活得幸福。

(5) **不知足**。

幸福是心靈的寧靜，是知足常樂。但是能知足的人越來越少了，有了房子想換更大的，有了工作想換更好的，有了錢想賺得更多……這些欲望，驅使著人無休止地奔波勞碌，硬撐著去爭取登上那「輝煌」的頂峰。

總是不知足，即使已經很富有，心中仍難免會經常失落、經常遺憾、經常痛苦，心態不平衡，身體就不會健康，生活也就不會幸福。

（6）**缺乏信任**。

古代社會，交通、通訊都極不方便，但心與心是相通的，「烽火連三月，家書抵萬金」、「海內存知己，天涯若比鄰」這些詩句就能體現一二；而現代社會，雖然通訊高度發達，但是心與心的交流卻被隔斷了。所以，雖然身處熙熙攘攘的城市中，挨挨擠擠的人群中以及手機、短信的頻繁往來中，卻仍覺得很孤獨。

現在的人越來越傾向於「右腦」思維模式，而右腦掌管的是個體、權力、地位等，對於幸福的感受度是零，幸福感來自於左腦。很多時候，不是生活中的幸福少了，而是人們失去了感受幸福的能力。其實，幸福不只有物質、權力和地位層面上的幸福，人與人之間互相信任、人際關係的改善才是最大的幸福。

（7）**過於焦慮**。

日常生活壓力重重：買不起房、開不起車、看不起病、上不起學、結不起婚等等問題，不一而足，讓人如何快樂得起來？再加上子女養育、家庭養老負擔等問題，因擔憂職場的晉升而產生的工作壓力，朋友、同事之間人際關係的處理等，都成爲了現代人的「壓力源」。

長期的焦慮不安逐漸沉積，就會釀成種種精神疾病，諸如狂躁症、躁鬱症、憂鬱症等，有的人還會出現各種生理疾病，例如，胃病、腎病、肺病、頭疼，嚴重的還可能會發展成癌症。如此，心理疾病和生理疾病交織，最終心理崩潰，甚至連殺人或自殺的念頭都有了，這樣的生活肯定是不幸福的。

總結：不幸福的原因

一、社會政治因素與幸福

社會政治因素在決定一個人是否幸福中扮演著重要的角色。從大的方面來說，穩定的政治環境、沒有軍事衝突、人人安居樂業對個體的幸福感影響巨大；而在戰亂動盪、老百姓流離失所的社會中，比如現在的伊拉克和阿富汗，個體的幸福感顯然較低。此外，具有公平的社會文化、沒有種族和地域歧視、經濟發達、高福利、行政機構運轉高效、人際關係和諧的社會也可給人帶來更強的幸福感。

二、人格特質與幸福

幸福與否和個人自身的人格特質有關。人格特質是個人具有的影響行為、認知和情感的相對持久的一些個人特徵，比如外向、開朗、嚴謹等，這些特質的形成是遺傳和環境共同作用的結果。那麼，具有哪些特質的人更容易幸福呢？一般說來，外向、樂觀、高自尊和善於自我控制的人更容易幸福；而神經質、敏感、衝動的人則更不容易幸福。因為，外向的人更能適應那種要求大多數人參與交往的社會性環境，更容易在社會活動中得到滿足，體驗到積極事件。

三、人際關係與幸福

具有良好的人際關係會讓你感覺更幸福，與配偶、親人、朋友、同事的關係都與持久的幸福有關。

四、婚姻

已婚的人比離異、未婚和分居的人更幸福，男人和女人都能從婚姻中獲得同樣的幸福。這種婚姻和幸福之間的聯繫有兩種解釋：其一，幸福的人比不幸福的人更容易結婚，因為幸福的人作為婚姻伴侶比不幸福的人更有魅力；其二，婚姻提供了讓人更幸福的更好的心理和生理的親密感，例如：生兒育女，建立一個溫馨的小家；承擔起配偶和父母的社會角色；給予關懷和接受關懷，等等。

美滿的婚姻可以帶來幸福，不幸的婚姻則會剝奪人的幸福。有許多因素都對建立穩定和滿意的婚姻有顯著影響，如性格、能力、身體魅力等，但最重要的還是興趣、態度、價值觀的相似。在這些方面，夫妻雙方差異越小，越能充分交流、相互尊重諒解，也越不容易背叛感情。這樣的婚姻是最能給人帶來幸福的。

五、親人

親子手足以及家族成員之間的親密關係，可以增進每一個親族成員所能獲得的社會支持力量。所謂「打虎親兄弟，上陣父子兵」，這種社會支持可幫助你解決困難的問題，給予你勇氣，讓給你覺得自己有所依靠，從而增強你的幸福感。而且，人是社會性的動物，親族成員間的緊密團結，可以使我們從這種與親戚的聯繫和默默溫情中獲得幸福。

因此，你應該和家族成員保持定期的聯繫，即便你這隻長大的雛鳥已飛出父母的巢穴很久了，也不要忘記常回家看看；即便你再忙碌，也要抽點時間給父母和親人打打電話、寫寫信、發發郵件，這並不困難。你對他們的關心給了他們幸福，同樣，你也會得到幸福。

六、友誼

「朋友一生一起走」，和幾個親密可靠的人保持長期的友誼也可增進我們的幸福感。曾經，心理學家迪納和塞利格曼對兩百廿二名大學生進行了一項研究，結果發現，最幸福的百分之十的大學生都有著豐富的社會生活，他們會花很多時間和朋友聚會，他們本人及其朋友都認為他們是善於結交朋友和維護友誼的人。

那麼，幸福為何與建立和朋友間可信賴的人際關係有關呢？原因有三：

（1）幸福的人更可能被別人選為朋友和可信任的對象，每天都陽光燦爛的人顯然比整天愁眉苦臉的人更有魅力。此外，幸福的人更願意幫助別人，而鬱悶的人則只關心自己，少有助人之心。

（2）建立朋友間的友誼可滿足人的歸屬感，因此令人感到幸福和滿意。

（3）朋友的友誼和互助也提供了一種社會支持，這種社會支持會讓我們感到更幸福。

怎樣結交真正的朋友？應當選擇那些和我們興趣相投、能力相當、境況相似、閱歷相仿的人做朋友。因為相似的兩人間的友誼，比不相似的兩人間的友誼要深厚穩定很多。在友誼建立之初，我們應使自己的技能、人格和風格符合朋友的需要或偏好，這樣他就不會「拋棄」我們去找新的朋友；而在友誼建立起來之後，我們還應該睜大眼睛看看朋友是否只可同安樂而不能共患難。

要記住，如同高爾基所說：「真正的朋友，在你獲得成功的時候，會為你高興，而不捧場；在你遇到不幸或悲傷的時候，會給你及時的支持和鼓勵；在你有缺點可能犯錯誤的時候，會給你正確的批評和幫助。」

七、熟人

熟人不是親人，也不是朋友，但與熟人合作卻是獲得幸福的一種有力來源，同時還可避免由於捲入與熟人的競爭而引發的種種不快，比如害怕失去職位、待遇不公平等。因此，為了增進幸福，我們應該學會與熟人合作而不是競爭。

當我們和熟人共事時，應該讓彼此雙方明確地知道，這種合作關係會無限期地持續到未來，而且長期的合作會為彼此提供互惠雙贏。如果彼此雙方都認可長期共事、並肩作戰會比獨自工作帶來的個人利益更高，雙方都會更樂意合作，從中體會到幸福。因此，別人給了你幫助或恩惠，你應該以更多的（至少是同等的）恩惠和幫助回報對方，所謂「滴水之恩，當湧泉相報」。我們應記住，互惠行為建構信任，非互惠行為會毀掉信任。

八、環境與幸福

我們所處的環境，包括經濟狀況、地理位置、氣候、交通等因素會影響我們的幸福感。

九、財富

一般說來，經濟狀況越好、越富有的人，越容易幸福，因為財富決定我們能夠支付得起生活所需，進行一些娛樂消費，並感到安全。但財富和幸福之間的關係並不是簡單的線性關係，即並非是越富有的人就越幸福。

在一個國家或地區尚處於貧困階段時，經濟發展和財富累積會很大幅度地增加人們的幸福感，比如從衣不裹體的貧窮階段發展到衣食無憂的小康階段，人們的幸福感會顯著增強；但如果一個國家或地區經濟已經比較發達了，那麼，財富增加對幸福的影響作用便會遞減。

為什麼會出現這種情況？

一種解釋是，隨著經濟的發展，人們的財富差距不斷減小，那些擁有更多財富的人並不覺得他比大多數人更優越，所以幸福感會降低。這種解釋建立在社會比較理論的基礎上，該理論認為，人的幸福建立在對自己與別人差異比較的認知上。

另一種解釋是，隨著經濟的發展，那些基本物質需要得到了滿足，而此時，財富的積累已經無法滿足能夠增進幸福的社會和心理的需要，因此那些認為掙錢壓倒一切的人反而可能會更不幸福。

十、其他環境因素

在湖光山色中流連忘返會讓你心曠神怡，而在鋼筋水泥的城市中奔波則會讓你身心俱疲。心理學研究發現，良好的自然環境可以引發人們強烈的積極情緒，而人工環境則沒有這種功能。人們在有植被、水、全景景觀、空氣清新的地方，會感覺更舒適。

從進化論角度看來，人類祖先最早就居住於優美的自然環境中，所以現在的人們也喜歡這類地方，因為這樣的環境讓人覺得既安全又富饒。陰雨綿綿會讓人鬱鬱寡歡，而陽光明媚則會讓人心生喜悅。由此可見，好的天氣也會帶來積極情緒。

居住房屋的品質也會中等程度地影響我們的幸福感，比如房屋周邊的環境、附近的交通情況、房間的大小，等等。

此外，經常聽聽音樂也可帶來短時的積極情緒的體驗，同時降低人的攻擊性。但是，目前還沒有證據能夠表明音樂能帶來持久的積極情緒體驗或者提高生活的滿意度。

十一、健康與幸福

體育鍛煉可以帶來積極的情緒狀態，但身體健康與幸福之間的關係卻十分複雜。

健康是千金難換的人生財富。一般認為，身體健康的人更容易幸福，而疾病纏身的人往往會感覺灰心喪氣。但事實上，情況並非總是如此。

例如，一個人的身體本是健康的，但卻總是擔心自己將要患病或已經患病，那他的幸福感就會很低；而另一個人的身體可能存在一些毛病，但他認為自己體壯如牛，這些小災小病不值一提，那麼他的幸福感就不會與常人有異。因此，對個人的幸福感起到影響作用的是他對自己健康狀況的主觀評估，而不是他的客觀健康狀況。

短期的身體鍛煉可以帶來積極的情緒體驗，幫助人們保持快樂的狀態；而長期的鍛煉則能產生更強的幸福感。此外，長期有規律鍛煉的人常會和別人一起參加運動，因此，他們有更多的機會從這種與他人的交往中獲得幸福感。

十二、工作與幸福

工作是否令人滿意，對我們是否感到幸福有著重要影響作用。

首先，有工作的人比沒有工作的人更幸福。

其次，良好的工作環境也會增進幸福感。

再者，在自己能夠勝任的工作中，在那些能夠熟練運用自己技能的工作中，在那些有著較高內在價值、能夠帶來社會收益的工作中，人們可以體會到更強烈的幸福感。

工作與幸福感是相互作用的。對工作滿意可以提高幸福感，反過來，幸福感又會促進工作效率的進一步提高。

十三、受教育程度與幸福

研究表明，受教育程度與幸福感成正比，即受教育程度越高，越容易感到幸福，尤其是在經濟欠發達的地區，情況更是如此。這可能是由於在經濟欠發達地區，接受教育的程度越高，越可能獲得更大的社會收益，如財富和地位等；而未受教育的人可能連最基本的生活需求都無法滿足。相比而言，在經濟發達的地區，即便是受教育極少的人，其基本的物質需要也是可以滿足的。因此，在這類地區，受教育程度對人的幸福感作用不顯著。

十四、休閒與幸福

充分的休息、多種形式的放鬆、美食和各種業餘活動等都對幸福有短期的積極影響。原因在於，我們能夠在這些團體活動中和別人交流，建立一個符合自己需求的交際圈，並從中獲得歸屬感。此外，休閒、美食和音樂本身也可以帶來身體的舒適，引發積極情緒；志願者服務可以滿足個人的利他需要；而極限運動則可以滿足個人自主執行技能活動以及對興奮、競爭與成就的需要。

有可能你在幸福中，卻視而不見

幸福到底是什麼？它在哪裡？對於幸福，正如一位作家所說：「幸福是一個謎，你讓一千個人來回答，就會有一千種答案。」

對於灰姑娘而言，幸福就是每天夜裏和心愛的王子一起跳舞；

對於睡美人而言，幸福就是在黑暗中沉睡時得到甜蜜的一吻；

對於美人魚而言，幸福就是讓自己愛的人幸福，即使自己失去生命；

對於病人而言，健康的時候就是幸福；

……

還有人說，幸福就是「吃得下，睡得著，想得開」。仔細分析，這句話也是頗有道理的——吃得下意味著身體好，睡得著意味著精神沒有壓力。不生病、精神好，才能吃得下；

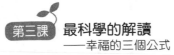

沒病痛、沒心事，才能睡得著。而這兩點的前提都是要想得開。

雖說有關幸福的理解眾說紛紜、莫衷一是，但是幸福還是有一定的標準的。

1 三個必定幸福的幸福公式

下面，先從心理學家總結的三個必定幸福的幸福公式說起。

第一個公式，側重說明幸福掌握在我們自己手中，要想幸福，就要主動控制自己的心理力量；第二個公式，說明幸福的秘訣在於我們的精神世界，而不是物質生活；第三個公式，說明幸福的感覺來自於欲望的降低。

這三個公式看似簡單，但如果用數學的方式去分析，你會發現很多有趣的現象，而且很多主觀幸福感的問題也可以得到解釋。這三個公式告訴我們，幸福其實很簡單，不在於金錢和物質，不在於教育程度、性別、環境等因素，而在於心靈的自由與輕鬆。

難怪有人說：「真正的幸福是不能描寫的，它只能體會，體會越深，越難以描寫，因爲真正的幸福不是一些事實的彙集，而是一種狀態的持續。」

H＝S+C+V（總幸福指數＝先天的遺傳素質＋後天的環境＋能主動控制的心理力量）

這個幸福公式是由美國心理學家賽利格曼提出來的。他告訴我們，幸福也是有指數的——總幸福指數是指你的較爲穩定的幸福感，而不是暫時的快樂和幸福。

看了一個喜劇電影，或者吃了一頓美食，這是暫時的快感，而幸福感是一種持續的、穩定的感覺，它包括你對現實生活的總體滿意度和對自己生命品質的評價，體現的是你對自己生存狀態的全面肯定。這個總體幸福取決於三個因素：一是個人先天的遺傳素質；二是環境條件；三是你能控制的心理力量。

幸福怎麼能與先天的東西有聯繫呢？賽利格曼調查了廿二個平時具有抑鬱心情但曾經中過彩票大獎的人。當中獎事件過去以後，他們很快又回到了從前的抑鬱狀態，又覺得不幸福了。但令人欣慰的是，如果是一個天性樂觀的人，他所遇到的暫時性創傷事件對他的消極影響也是短暫的，不幸事件的幾個月後，他又會回到從前的正常狀態。可見，財富和成功不能永保幸福，樂天派的情緒才是穩定的。

有關後天的環境方面，賽利格曼研究發現：最幸福的人都有一個共同特點，就是具有豐富的社交生活。他們區別於一般人和不幸福的人的一個標誌是，他們更願意與他人分享生活，而不是一個人獨處。

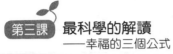

關於幸福公式中的最後一個部分，也是最爲重要的，即你所能掌握的控制自己心理的力量。其實，幸福與否主要是個人的主觀感受。正所謂「子非魚，安知魚之樂」，同一件事，有人覺得辛苦，也有人覺得幸福，這完全取決於個人的主觀選擇。所以，如果你能主動控制自己的心一時，左右自己的心理感受，相應地，幸福感也會比別人更強烈。

Felicidad（幸福指數）＝P＋（5E）＋（3N）

在這個公式中：P代表人的性格、人生觀以及適應能力和耐力；E則指人的健康、財富和友誼的穩定程度；N指的是人的自我評價、對生活抱有的期望值及其性情和欲望。

這個公式是英國幾位心理學家走訪了一千多人後得出的結論。參與這項研究的科恩說：「多數人不知道幸福是什麼。他們認爲，只要有錢、有好車、有大房子，就是幸福。但當這一切都變成現實後，人們卻發現，原來自己並不比其他人更開心。」

他指出：「人應該學會積極享受生命，同時要弄清楚自己到底想要什麼，以及用什麼手段能達到這一目的，等等。」

幸福＝效用／欲望

這個幸福公式是由美國經濟學家保羅·薩繆爾森提出來的。從這個公式來看，幸福與否取決於兩個因素的比例關係：效用與欲望。當欲望（分母）既定時，效用（分子）越大越幸福；當效用（分子）既定時，欲望（分母）越小越幸福。

這個公式告訴我們，幸福感類似於滿足感，它實際上是現實的生活狀態與期望的狀態的一種比較，兩者的落差越大，幸福感就越差。

現代研究幸福的心理學家認為，美好生活的實質因素是一個人熱愛自己的生活。幸福感有一個具體的指標，它包括愉快的情緒體驗和自己對生活滿意的評價。幸福感高代表兩件事：一是愉快的情緒體驗較多，不愉快的情緒體驗較少；二是有較高的生活滿意度。體驗是一種主觀的感受，所以，幸福感也叫做主觀幸福感。

傳統的幸福觀對於幸福的理解較為簡單，認為錢能買到一切，幸福也不例外，金錢崇拜成了一隻看不見的手，推動著人們的行為。

在一個物質相對匱乏的階段，這種幸福觀是有道理的。因為大多數人連生存的基本條件都還未達到，無法享受衣食無憂的正常生活，不能體驗擁有財富以後的相對自由和舒適。而當有了錢後，剛開始時會感覺到幸福，但隨著社會的發展，你會發現，單純用金錢是買不到幸福的，甚至金錢對於幸福的作用十分有限。

現代幸福觀的建立正是隨著對金錢幸福觀的批判開始的。

人的幸福感是很奇怪、很微妙的事。有了金錢，人可能會幸福，但未必一定幸福，甚至有可能會不幸福；貧窮雖然不幸，但當事人若能夠接受現狀，安貧若素，並從生活中找到快樂因數，充分享受每一個微小的快樂，也未必會不幸福。這與我們怎麼認識生活、怎麼對待金錢有關。

在現代社會中，多數人的勞動收入都足以養活自己，能夠解決基本的生存問題，接下來就是看活的品質怎麼樣，以及是否能夠滿足自己的願望和目標。

如果在鳥兒的翅膀上掛上黃金，鳥兒就飛不動了。幸福＝效用／欲望。這個簡單的方程式表明，如果我們能降低自己的欲望，在同樣的金錢產生的效用面前，幸福反而會變得更高。

2 識破幸福的假象——幸福不是給別人看的

幸福只是一種讓自己心情愉悅的感覺，一種簡單而唾手可得的東西，並不是需要歷經千辛萬苦才可以得到的寶藏。

幸福不是給別人看的，與別人怎樣說無關，重要的是自己心中充滿快樂的陽光。也就是說，幸福掌握在自己手中，而不是在別人眼中。

在人性裏，有一種叫虛榮的東西，它讓多數人都希望自己能過得比別人好，比別人幸福。所以，生活中的我們，總是會強顏歡笑，甚至爲了博取別人羡慕的眼神，不惜付出沉重的代價。

正是因爲有了這種不良的心理，我們才會覺得，似乎自己身邊的每一個人都比自己幸福。於是，我們便不知不覺地患上了一種怪癖：不但羨慕別人，抱怨自己，而且還拼命地給自己製造幸福的假象，以便迷惑他人。

生活中的我們，何嘗不是如此呢？每天埋頭工作，顧不得自己內心的真實感受，只想掙大把的錢，用金錢來給自己製造一個幸福的假象；看到別人過得幸福，自己就心理不平衡，於是跑到名牌店去，一刷幾千元甚至上萬元，買回一堆衣服，再穿上它們，瘋狂地去參加一個個聚會；在飯局上談笑風生，顯擺自己的身分、地位，等到人去樓空時，卻又憑欄感傷、黯然流淚，最後不禁問自己一句，你真的幸福嗎？

長此以往，幸福倒好像不是我們自己的事，而成了別人的事了。即使是在我們自己追求幸福的時候，也不忘瞅一眼別人的幸福，以便學點經驗；而等到追求不到自己的幸福時，又開始覬覦別人的幸福，然後感嘆：哎！多麼幸福的人啊，爲什麼幸福總與我無緣？

很久以前，有一位國王住在一座華麗的宮殿裏，殿內堆滿了金銀珠寶，殿外站著無數隨時聽候他的命令、為他服務的僕役。

有一天，國王的一個無比羡慕他生活的朋友對他說：「你多麼幸福啊！你擁有所有人想要的一切，你是世界上最快樂的人。」

國王回答他說：「你真以為我比其他任何人都幸福嗎？」

「難道不是嗎？看看你擁有的巨大寶藏、你掌握的強大權勢，在這世界上，你沒有什麼需要煩惱的，還能有比這更好的人生嗎？」

國王笑了一下，隨後說了一句：「那麼，我們就交換一天的位置來看看如何？」

翌日，國王的朋友被帶進宮裏，國王吩咐所有的僕役都要像對待他一樣對待他的朋友。因此，他們為他穿上了皇袍，並在他頭上戴了一頂金冠。隨後，他被安排在宴會廳的餐桌前，僕役們在餐桌上擺滿了山珍海味，還有珍貴的名酒、美麗的花卉、珍奇的香水，並為他奏起了動聽的音樂。而他則半躺在柔軟的椅墊上，享受著他認為最幸福的生活。

可當他端起一杯茶準備往唇邊送時，卻抬眼看到天花板上懸掛著一個東西，那東西正對著自己的頭頂。天吶！他不禁驚叫了出來，那竟然是一把劍，劍尖直指向他的頭頂心。

他的笑容立刻消失了，臉色也變得慘白。他不想再享受任何美味和音樂了，只想趕快離開這裏。因為他發現，那把劍只用一根細細的馬鬃掛在天花板上。

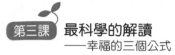

國王這時笑了，問道：「怎麼啦？你好像沒有什麼胃口？」

朋友戰戰兢兢地說：「那把劍！你難道沒有看見它嗎？」

國王說：「我當然看見啦，我每天都會看到它。我把它懸掛在我的頭頂，以此提醒自己總是有人想殺害我。可能我的臣子嫉妒我的權勢，想謀害我；可能有人會散佈不利於我的謠言，慫恿我的人民推翻我；鄰近地區的王國也可能會派兵奪我的王位；可能我作出的一個不智的決定，就會導致滅亡。想要享有權力，就必須承受這些風險。要知道，這些風險是伴隨權勢而來的。」

國王的一番話，讓他的朋友明白了，原來自己才是最幸福的人。雖然沒有住上華麗的宮殿、吃上美味的佳餚、聽上悅耳動聽的音樂，但是自己吃飯、睡覺的時候，從來不用擔心頭頂上會掉下一把劍來！真奇怪，自己為什麼只看到別人幸福的一面，卻沒有看到別人痛苦的一面呢？

其實，我們沒有必要羨慕他人的幸福，也不需要給自己製造什麼幸福的假象，然後再用它來蒙蔽周圍的人，讓他人覺得我們活得很幸福。要知道，幸福是自己的事，就好比本來好端端地吃著自己喜歡吃的飯菜，卻看見別人都在吃海鮮，僅僅是怕別人笑話自己，也不考慮自己對海鮮過不過敏，便跟著狼吞虎嚥一番，非得將自己全身吃得斑斑點點、慘不忍睹才肯甘休一樣，這又何必呢？

幸福存在於萬千事物之中，如何尋找，關鍵在於我們自己是否具有一雙慧眼，是否善於去發現。人人都在追求幸福，但並不是每個人都能擁有幸福。這就好比正值青春年少的我們追求自己心儀的人一樣，真正能夠得償所願者少之又少。即使是那些已經步入婚姻的殿堂，有了家室的青年男女們，也不見得都能得到幸福。其原因就是，他們大部分都被幸福的假象蒙蔽了，從一開始就找錯了對象，走錯了方向，使幸福與他們失之交臂。

想要追求幸福，就必須學會識破幸福的假像。下面就給大家介紹幾種識破幸福假象的方法。

（1）**學會與幸福「廝磨」**。

愛情心理學上常常出現「廝磨」一詞，說的是男女之間，彼此相愛之前，有一段彼此瞭解、彼此吸引的過程。追求幸福也是如此，想要得到真正的幸福，在追求幸福的過程中，就必須學會與幸福「廝磨」，不盲目跟風，這樣才能認清你想要的幸福是什麼，你的追求是不是可以給你帶來幸福的感覺。

（2）**從生活的自然規律入手**。

幸福來源於生活，凡是與生活相違背的幸福，都不是真正的幸福。

因此，識破幸福的假象，最好從生活的自然規律入手，將那些看似美好、令人神往的幸福摒除，讓幸福回歸到正常的生活軌道上來。

（3）隨心而活。

幸福是慢慢沁入我們的生活的，這就需要我們用心去生活，用心去感受。而幸福的假象，就好像海市蜃樓，雖然剛開始出現的時候，會令我們興奮不已，覺得生活是如此美好，但海市蜃樓終究會消失，它只是一種假象，我們沒有必要爲它苦守一生、追求一生。

所以，隨心而活，以靜制動，你便能將幸福的真相讀懂，你便能知道哪些是「可遠觀而不可褻玩」的海市蜃樓。

3 走出幸福的誤區——不要把幸福寄託在需求能否得到滿足之上

在追求幸福的路上，人們採取的方式各不相同，主要的原因在於：有的人剛開始不大明白自己的人生最需要的東西是什麼，於是主動去尋找幸福，一路上通過自己的努力和奮鬥，來讓自己的需求得到滿足，從而讓自己過上幸福的生活；而有的人，他們一開始就清楚地知道自己需要的東西是什麼，所以他們不會讓自己活得很累，只是靜靜地享受生活的每一個瞬間，等待幸福主動降臨在自己的身上。

不管採取什麼樣的方式獲取幸福，我們都要明白一點：生活不是一帆風順的，人們所有的需求，也不可能都得到滿足。因此，不要把幸福僅僅寄託在需求能否得到滿足之上，不要因爲自己想要的一些東西無法得到，就認爲自己的人生是不幸的。

人的欲望是無限的，在大大小小的各種需求中，我們首先需要理智地衡量一下，哪些需求是可以得到滿足的，哪些需求是永遠也無法得到滿足的；哪些需求的滿足能夠讓我們獲得幸福，哪些需求即使得到了滿足，也無法讓我們幸福起來。

幸福不是賺到一千萬

在我們所生活的這個世界中，無法統計有多少人生因爲追求金錢而成爲一場悲劇；也無法統計有多少本該擁有幸福生活的人，僅僅爲了心中的那一千萬而失去了幸福，終日焦躁不安，甚至以淚洗面。

生活本是美好的。早上起來，愉快地去工作，等一天的工作結束了，即使是披星戴月地回來，路上哼哼小曲，也是件十分愜意的事情。幸福的人生，首先需要的是一種從容的心態，「種豆南山下，草盛豆苗稀」不失爲一種樂趣，「安能摧眉折腰事權貴，使我不得開心顏」也是一種灑脫。幸福本來就是不分輕重大小的，那我們爲什麼還要用金錢砝碼去衡量它、束縛它呢？

別把希望寄託在別人身上

生活中，我們常常聽到一些父母向兒女訴苦，一把鼻涕一把淚地訴說自己的生活是如何的寒酸，而別人的生活又是如何的幸福。在兒女很小的時候，父母便把所有希望都寄託在他們的身上，有的父母甚至會逼著自己的孩子，讓他們按照自己希望的方式去生活；而當兒女們對他們稍微有些牴觸時，他們便哭天喊地、悲痛欲絕。

有的兒女對父母也是這樣，總覺得自己很不幸，沒有出生在一個富裕的家庭，沒有碰到有能力的父母，於是總是怨天尤人、愁眉不展。

無論是父母也好，兒女也好，這種把希望寄託在別人身上的做法，都是不正確的。一個人要想獲得幸福，就應該通過自己的努力去實現，從自己的身上去尋找幸福，而不是總想著依靠別人。

「不要凡事都依靠別人。在這個世界上，最能讓你依靠的人是你自己；在大多數情況下，能拯救你的人，也只能是你自己。」這是矽谷的創業之神吉姆·克拉克給年輕人的忠告。

在生命的旅程中，我們難免會陷入各種危機之中。這時候，要想從那些致命的危機之中走出來，重新踏上希望之路，就不要想著去依靠別人，而是要學會自己拯救自己。

農夫的一頭驢不小心掉進了一口枯井裏。那位農夫絞盡腦汁，用盡方法，幾個小時過去了，驢依舊在井裏痛苦地哀嚎著。最後，農夫決定放棄，他想這頭驢年紀這麼大，根本就不值得自己浪費功夫。不過，無論如何，這口井還是得填起來，不然以後家畜再掉進去就划不來了。於是，農夫請來左鄰右舍幫忙，想儘快將井中的驢埋了，以免牠在裏面哀嚎，自己聽著也難受。農夫的鄰居們人手一把鏟子，便開始往枯井中填泥土。

井裏的驢彷彿意識到了自己的處境很危險，首先是哭得很淒慘，但過了一會兒就安靜下來了。農夫好奇地探頭往井底一看，眼前的景象讓他大吃一驚。原來，當填進井裏的泥土落在驢的背上時，驢就將泥土抖落在一旁，然後站到這些泥土上面。就這樣，驢將大家鏟到牠身上的泥土全數抖落在井底，漸漸堆起了一個土堆。很快，這隻驢便得意地上升到了井口，並在眾人驚訝的表情中快步地跑開了！

誠然，人的一生中，總要或多或少地受到一些人的幫助——父母的養育、師長的教誨、朋友的關愛等，他們的幫助，無疑能促使我們成功。但是，許多人正是因爲習慣了別人的幫助，才養成了嚴重的依賴心理，什麼時候都把希望寄託在別人的身上。久而久之，人就會變得軟弱無能，對外界的一切都失去免疫能力。

作爲當代青年，絕不能做一位飯來張口、衣來伸手的啃老族，也不能做一位離開父母便幹不成大事的無能者。做一位擁有一定的獨立性，碰到困難的時候，能夠自強不息、迎難而上的人，是很有必要的。

小仲馬開始文學創作之初，寄出的稿件都如泥牛入海，沒有任何回音。父親大仲馬不忍見他這樣，便對他說：「你寄稿時給編輯先生附上一封信，說你是大仲馬的兒子，也許情況就會好很多。」可小仲馬不但堅決拒絕以父親的盛名作自己事業的敲門磚，而且還不露聲色地給自己取了十幾個筆名，以免編輯把他和父親聯繫在一起。最後，經過堅韌不拔的努力，他終於取得了成功，長篇小說《茶花女》一炮打響，成為傳世之作。直到那位編輯去拜訪大仲馬的時候，才發現，原來小仲馬正是大仲馬的兒子。

鄭板橋曾經說過：「滴自己的汗，吃自己的飯。自己的事，自己幹。靠天靠地靠祖上，不算是好漢。」我們要學會自己去解決問題，因爲每個人都有許多事要做，別人能夠幫你一時，卻幫不了一世。再說，如果你想要有所成就，超越別人，僅僅靠別人的幫助是無法實現的，自身必須要有一定的創造力。所以，別把希望寄託在別人身上，幸福生活是我們自己創造的。

幸福不是成功以後

現代競爭社會，人們都在努力追求成功，不惜花大把的金錢去進行一些所謂的成功學培訓，理所當然地認爲成功是人生最重要和最直接的目標。許多人都以爲，只有在獲得成功以後，自己才能擁有幸福的生活。因此，便對幸福的定義產生了誤解，從而失去了很多本該擁有的幸福。

什麼是成功？簡單說來，成功是指一個人實現了他的既定目標，付出了努力，換來了回報。不難看出，成功是從結果上來定義的；而幸福則是一種身體和心理的快樂感受，更多是從狀態上來定義的。它是一種身心的感受，是一種愉悅的體驗。

成功固然能夠帶來幸福，但是它並不是幸福的前提條件，成功與否，並不能決定幸福的有無。更多的時候，幸福僅僅是一種簡單的快樂。所以，我們千萬不要把成功當作衡量幸福的標準。

曾經有一位少年，他的夢想是成為像帕格尼尼那樣的小提琴演奏家。所以，他一有空閒就瘋狂地練琴，甚至到了茶飯不思、走火入魔的地步，但卻收效甚微。當時就連他的父母都覺得這孩子太可憐了，他完全沒有什麼音樂天賦，所以才會拉得如此蹩腳。可是他的父母又怕講出真話，會傷害到少年的自尊心，所以一直都沒有說出來。

直到有一天，少年去請教一位老琴師，老琴師對他說：「孩子，你先拉一支曲子給我聽聽。」於是，少年拉了一支帕格尼尼的練習曲，儘管他拉得很投入，但是在老琴師聽來，簡直就是破綻百出、不忍卒聽。

一曲終了，老琴師問少年：「你為什麼這麼喜歡拉小提琴？」

少年說：「我想成功，我想成為帕格尼尼那樣偉大的小提琴演奏家。」

老琴師又問道：「你快樂嗎？」

少年回答：「我非常快樂。」

老琴師把少年帶到自家的花園裏，對他說：「孩子，你非常快樂，這說明你已經成功了，又何必非要成為帕格尼尼那樣偉大的小提琴演奏家呢？在我看來，快樂本身就是成功。」

少年聽了琴師的話，心靈徹底被撼動了。這個時候，他才領悟到快樂本身就是一種莫大的成功。這個道理看似簡單，卻讓人受用無窮。

這位少年是誰？他就是阿爾伯特・愛因斯坦。愛因斯坦一生都十分熱愛拉小提琴，雖然拉得十分蹩腳，但是卻給他帶來了許多快樂。

快樂與成功有著密切的關係，一個只想著成功，而忽略快樂的人，往往欲速則不達。這和中國功夫的理念差不多，通常只有心境好的人，才能練就一身好武藝。

美國心理學家索尼婭・柳博米爾斯基和她的同事用自己的研究成果證明了，幸福和積極的心態是成功的重要前提。幸福的人在成功後不一定會更加幸福，但他們往往比那些沒那麼成功的人更容易感到幸福。她說：「成功確實與幸福有關——但成功是幸福的結果，不是幸福的原因。」最好的解釋是，幸福的人擁有其他促進成功的個人品性。

因此，我們所說的「幸福不是成功以後」，並不是說，幸福不需要成功，而是要在追求成功的同時，不能失去快樂、遺忘幸福，要懂得讓幸福成爲成功的一個助推器，從而實現成功與幸福兩不誤。

很多人的一生都在追求著幸福，但可悲的是，許多人都將幸福與成功等同了起來。他們將事業的成功當成幸福的終極目標去追求，而沒有去關注自己心情的愉快、身體的健康，以及與家人一起度過的那些美好的日子。這些人只有等到古稀之年才會驀然發覺，雖然自己十分富有，但卻錯過了生命中那些最美好的、最值得珍惜的東西。

有這樣一則小故事：在一個靠海的小漁村裏，有兩個年輕的漁夫，他們每天都坐在海邊，過著平淡而悠閒的生活。

一天，漁夫甲說：「我們每天都這樣無所事事，什麼時候才能得到幸福啊？」但漁夫乙卻不那麼認為，在他的心裏，這樣平淡地生活，本來就是一種幸福，還要去強求什麼呢？想法的不同致使兩人最終分道揚鑣。漁夫甲每天都不停地捕魚，捕了魚買更大的網、捕更多的魚、買更大的漁船……漁夫乙則像往常一樣，過著悠然自得的平淡生活。

三十多年以後，漁夫甲成了當地的千萬富翁，有幾十艘大型捕魚船及大片地產。但因為這幾十年來的奔波勞累，漁夫甲患上了許多病，身體狀況很不好。另外，競爭對手的虎視眈眈，以及兒女為了爭奪他的財產而互相爭鬥，也讓漁夫甲身心俱疲。

終於有一天，漁夫甲放棄了所有財富，回到小漁村，看見漁夫乙仍然清閒地坐在海邊。和漁夫乙坐在一起，沒有了競爭對手的威脅，沒有了兒女的勾心鬥角，沒有了日夜的操勞，擺脫了世間所有的紛爭，吹著海風的漁夫甲忽然感到，在海上奔波了幾十年，竟然沒發現大海原來是這樣的美麗壯觀，他不由地感慨道：「這樣真幸福啊！」

漁夫乙則笑了笑說：「我三十年前就知道了，並且一直在享受著這種幸福。」

生活中的人們總是浮躁的，每當看到別人過得風光時，就會顧影自憐，覺得自己的人生很失敗，於是也不先問問自己真正想要的是什麼樣的生活，便開始盲目地追求別人獲得的所謂成功。到最後才發現，自己追求了大半生，不但沒得到自己想要的幸福，反而還把自己原本擁有的幸福搞丟了。

所以，在追求成功的時候，要先在自己身上找一找幸福，萬萬不可把幸福放到成功以後。你要明白，成功只不過是一種結果罷了。正如一棵小樹，並不是一定要結出沉甸甸的果實才算成功，才算幸福。其實，在它們開花的那一段日子，才是最美好的時候。

所以，不要急於結果，要多留意自己生命中的那些美麗。幸福不在成功以後，把握你的當前，珍惜人生的每一分每一秒，不要爲了成功而煩惱，不要讓成功奪走你的幸福，找準自己的人生追求，不盲目，不急躁，幸福一定會屬於你！

不用盲從別人，做自己才幸福

美國成功學大師博恩．崔西說：「成功就是目標的達成，其他都是這句話的注解。」我們先來看看幸福的含義。有人說，幸福就是你端著一碗水走在路上，不但觀賞到了路邊的風景，而且還能夠保持著碗裏的水不潑灑出去。這其實就是成功與幸福的一個關係。有目標、不盲從的人容易成功，而成功又能夠增添一個人的幸福感。所以，那百分之三的人明顯比那百分之廿七的人幸福。

每個人都應該有與眾不同的一面，我們稱之爲個性魅力，或者是做人本色。一個人如果失去了個性魅力，便失去了做人的本色，看見某位畫家的作品被人們裏三層外三層地圍著觀賞，不肯定自己是否有繪畫的天賦，便一頭鑽進美術班；看見某位搖滾歌星唱紅了大半個地球，便省吃儉用，買一把電吉他回來瞎鼓搗……結果只能是什麼都做不成，活生生地把自己逼成一個「四不像」。這樣的人，又怎麼會幸福呢？

世界上沒有兩片完全相同的樹葉，可是卻有千千萬萬相同的人在模仿別人，做別人的影子，勞苦一生，最終卻因爲受到別人的干擾而放棄自己的追求。《古文觀止》裏的《誡兄子嚴敦書》中所說的「刻鵠不成尙類鶩，畫虎不成反類狗」，說的也是這個道理。做事專一、不盲從，才能把事情做好。而把事情做好，又可以讓人們體驗到幸福。

不盲從別人，是一種生活的智慧，也是良好心態的表現。它除了能給人們帶來成功，也能讓人們明白什麼才是自己最需要的，什麼是不值得自己去追逐的，從而讓你的人生更幸福、更美滿。

4 幸與不幸的情感交替

通常，人們總以擁有健康爲幸福，有了疾病爲不幸；或者以獲得成功爲幸福，遭受失敗爲不幸；甚至簡單地認爲富有爲幸運，貧窮爲不幸……然而，世間本來就存在順境和逆境，順逆交替，這是一種普遍的現象，人們應該正確地認識它。

(1)平等、客觀地看待幸與不幸。

正視順境與逆境，就好像正視白天黑夜、春夏秋冬等自然規律一樣，不應該在順境中就生起愛心，在逆境中就產生憎恨，而是要平等、客觀、辯證且以一種平常的心態來看待。

(2)痛苦使快樂更快樂，不幸使幸運變得幸福。

世間的痛苦與快樂是相互依存的，誰也離不開誰。有些人只要快樂，不要痛苦；只要順境，不要逆境。可是，沒有痛苦就沒有快樂，沒有經歷逆境，就無法認識到順境的可貴。因此，長期處在順境中的人，往往很難產生幸福感。有時候，痛苦使快樂更快樂，不幸使幸運變得幸福，正如疾病使健康變得快樂，貧窮使富有變得幸福一樣。

(3)幸與不幸的相互轉換。

幸與不幸不是絕對一成不變的，它們會相互轉換。

幸運常常會因爲人們的習慣而轉爲不幸。比如，手握大權是幸運的，但若出現以權謀私、違法亂紀的行爲，就會造成不幸的結局；有父母溺愛的子女是幸運的，但在父母溺愛中成長起來的孩子，走上社會難以獨立卻是不幸的；生在富有之家是幸運的，但紈褲子弟，只知揮霍，不事生產卻是不幸的。同樣，不幸有時也會轉爲幸運。如逆境使人奮發向上，努力造就自己，將來對社會能大有作爲。

順境使人陶醉，忘乎所以；逆境使人清醒，能引起反思，使人對人生的認識更有深度。塞翁失馬、因禍得福等，都說明幸運與不幸常常會相互轉換。

(4)不幸中的幸福，幸福中的不幸。

人往往因爲偏愛於某一點，而覺得自己幸運或不幸。比如喜歡當官的人，一旦獲得官位，就會覺得幸運；但是，假如他沒有機會當官或當官之後又退居幾線，自然就會認爲這是不幸了。又如，希望結婚成家的人，找到合適的對象時，覺得很甜蜜、很幸運；找不到理想的對象，就會覺得不幸運。

【延伸閱讀】情緒年齡尺

一般而言，我們每個人的情緒管理能力都是隨著年齡的增長而逐漸增強的，並逐步由幼年的淘氣、童年的天真、青年的血氣方剛、壯年的堅持不懈逐步成長，直到中年、老年才漸漸學會的某種穩重和追求圓滿。但是也有些人，身體在逐漸成長、成熟，心靈卻總不見成熟。

因此，大家可以採用這個量尺來對情商進行區別，這會為你自己的情緒管理平添不少樂趣。例如，如果對方無理取鬧，你可以定義他為「情商二年級」，如果你希望自己「情商五年級」，就不會再和「情商二年級的小朋友」計較了。

這個情商年級的區分，只是用來表示人生某個階段情緒的控制能力或情商的商數，但是事實上，其結果一直都處於變化之中。也許，當我們的情緒很穩定的時候，所表現出來的是五十歲的情緒控制能力或者說是情商五年級，這時可以較理智地應用智慧來處理情緒；但是有些時候，特別是有異常行為出現時，我們會很容易變成最初的衝動、暴躁的情緒商數水準，情緒控制的能力會一下子又跌落到不及格、不成熟的情緒年齡階段。

如果你以前很隨性、任性，容易衝動，那麼我堅信，瞭解這些以後，你肯定能夠冷靜、理智地應用某些原來所具有的智慧去處理情緒行為問題，到時，你的情緒能力就會從現在二十歲的任性提升到五十歲的智慧管理級別，從而增加三十年功力。

一年級十歲的情緒控制能力。

天真幼稚、淘氣純真。

二年級二十歲的情緒控制能力。

任性、衝動、好爭辯，動不動就與人鬥嘴、打架，多愁善感、愛恨不分、隨意任性、不知情緒為何物。

三年級三十歲的情緒控制能力。

相對成熟、心智穩定、不會亂發脾氣。

四年級四十歲的情緒控制能力。

處事穩重、不輕浮、不毛毛躁躁、懂得冷靜。

五年級五十歲的情緒控制能力。

懂得應用智慧處理情緒問題，能理智地思考情緒問題，知道要控制自己的情緒，瞭解別人的情緒，能屈能伸，知道自己要的是什麼。

六年級六十歲的情緒控制能力。

與人相處融洽、經驗豐富，人生已度過歷練的階段，懂得待人處世，處理情緒問題較為圓滿，善求雙贏。

七年級七十歲的情緒控制能力。

放得下、想得開，凡事不會太放在心上。

第四課

最詩意的解讀
——幸福是一場愛的盛宴

「只要你追隨自己的天賦和內心，你就會發現，生命的軌跡原已存在，它正期待你的光臨。你所經歷的，正是你應擁有的生活。在追求有意義而又快樂的目標時，我們不再是消磨光陰，而是在讓時間閃閃發光。」

——泰勒·本·沙哈爾

幸福不是如電光石火般的短暫之旅，它要持續相當長的時間，甚至一生。

幸福並不是驚天動地，金碧輝煌，生命中溫暖的瞬間、美妙的時刻，那種在我們心中可以久久去體味的真情，才是幸福最樸素的本質。

很多的小幸福聚集在一起，便是這一生的大幸福

幸福本無什麼大事，世間能有多少人的愛情遭遇鐵達尼號般的生離死別？少之又少。所以，常人的幸福只關乎家長裡短，沉溺在一些瑣碎之中，而那些瑣碎本身就是一種幸福。

幸福本是微小的，不是幸福小，而是事情小。但很多很多的小幸福聚集在一起，便成了這一生的大幸福。

1 學著做一個將幸福「放大」的女人

一個人的幸福，是一份幸福。但若把這份幸福分享給十個人，幸福就會被放大十倍。人

生處處需要分享，分享讓這個世界變得更加精彩。

分享是一種智慧，也是一個人獲得幸福的真理。分享是一個放大幸福的過程，也是一個放大自己的過程。如果你總是獨享，接下來，你收穫的將是孤獨和悲傷。

巴勒斯坦有兩片著名的海。一片海叫「死海」，另一片海叫「加利利海」。「死海」邊上寸草不生，「加利利海」湖邊卻水草豐茂，湖水裏的生命精彩紛呈。但卻很少有人知道，「死海」和「加利利海」共有一個約旦河的源頭。同一個源頭形成的兩片海卻有著截然不同的風景，一個是死氣沉沉的「死海」，一個是充滿綠色生命的「活海」。這是為什麼呢？

據科學家分析，「死海」地勢較低，水只能流入，無法流出，再加上長時間的陽光照射，海水不斷蒸發，這片海域便成了沒有生命的鹹水湖；而「加利利海」地勢較高，那裏的水流進流出都非常方便，所以才使它形成了一片生機勃勃的「活海」。而做人也是一樣的道理。人要學會與人分享好運。獨享的話，幸福會枯竭，好運也會變成厄運。一個懂得與他人分享的人，他的生命會像「加利利海」一樣充滿生機和活力。這樣的人，身上也會透著一種特殊的魅力。

「分享好運，放大幸福」，不是叫你拿自己的「幸福」去刺激別人的「不幸福」，也不是叫你一遍遍地向別人炫耀自己的「幸運」。

只有學會正確的分享之道，才能把幸福放大。

亞里斯多德說：「生命的本質在於追求幸福。」使生命幸福的途徑有兩條：第一，發現使你幸福的時光，增加它；第二，發現使你不幸福的時光，減少它。

其實，世上本無幸福與不幸福之分。幸福是人造出來的，煩惱也是人自己尋來的，只是幸福的人有一顆青春的心。一個聰明的人，他會爭取百分之百的心讓自己幸福。因爲幸福是最好的藥，而且沒有副作用，只有最具智慧的人才會算好這筆賬，但很多人卻不懂這些。最傻的人不是白癡，而是不幸福的人！

幸福的人有開闊的心胸，通過改善心理機制，讓自己明亮起來並且看到未來的光輝。如果說，這世界上有什麼最寶貴的珍藏，那一定是一顆會幸福的博大的心。

我們雖然不能永保青春的容顏，但卻可以永遠擁有青春幸福的心態、堅強的意志、豐富的想像力、充沛的感情、對新鮮事物的嚮往和尋根問底，以及追求人生樂趣的不泯的童心。

下面是一些幸福的忠告，照著去做，你將變成可愛又美麗的女人。

◎一旦發現錯誤就立即改正。

◎牢記自己喜愛的詩詞歌賦。

◎不要花光所有的積蓄或貪睡。

◎多讀些書，少看些電視。

◎毫無保留地去愛，雖然可能會因此受到傷害，可是只有這樣，你才能擁有一個完整的人生。

◎意見不合可以據理力爭，但不可辱罵對方。

◎與一個你喜歡並能談心的人結婚，因爲當你年紀越來越大時，你就會發現，談話的技巧很重要。

◎尊重他人，尊重自己，爲自己的行爲負責。

◎如果失敗了，千萬要記住失敗的教訓。

◎微笑著接聽電話，讓別人感覺到你的微笑。

◎讓自己有獨處的時間。

◎隨時準備接受新事物，但不要丟棄應珍惜的東西。

◎沉默有時是最好的答案。

◎過幸福及有尊嚴的人生，那麼，當你回想過去的歲月時，你就可以再一次幸福地享受人生了。

◎家對每一個人都很重要，因此要努力創造一個和睦溫暖的家。

◎多與別人分享你的思想和知識，這是達到幸福的途徑之一。
◎專注自己的事務。
◎如果你非常有錢，請用你的金錢幫助別人，這是富有所能達到的最大的滿足。
◎有時候，得不到想要的，反而是一種運氣。
◎最美好的愛情是彼此對對方的愛遠超過對對方的需求。
◎用付出的努力衡量你的成功。

2 尋找任何一個機會，隨時隨地製造幸福

有一種美女，很美，但總是不幸福，這樣的美女自己累，別人也累。林黛玉很美，「心較比干多一竅，病如西子勝三分」，她總是嬌喘微微、淚光盈盈，很是讓人心疼。可是在現實生活中，有幾個人能夠懂她，並且有耐心天天陪她「寒塘渡鶴影，冷月葬花魂」呢？

不能讓自己幸福起來的人，往往是悲哀的。記得一位哲人說過：「女人的軟弱，說到底，就是希望有人愛她。」對於這一點，男人們倒是樂意成全。但是過了度，軟弱到不肯自立的地步，多數的男人都是要逃跑的。

幸福的女人不一定漂亮，但她們卻是少有的掌握到了幸福之要義的女人。假如說一個漂亮的女人不幸福，一個能幹富有的女人不幸福，那麼她們的漂亮和能幹又有什麼意義呢？

女人漂亮能幹固然好，但真正能夠打動人心的還是幸福的女人。環顧四周，漂亮能幹的女人不少，但她們中間很少有幸福的，不是對生活不滿，便是在追求許多東西的過程中失去了很多很多的幸福。她們或許會有自己的理由：事業、家庭、感情糾葛、社會競爭等，讓女人幾乎暈頭轉向，哪還有幸福可言？

幸福是一種對人生的深刻理解和感悟，是一種對生活苦難的蔑視和瀟灑。其實幸福很簡單，只要你能笑對艱難的生活，放棄內心太多的不切實際的欲望，你就能成為一個幸福的女人。

每個人都在追求生活的深刻和完美，卻忽視了那原始、自然而簡約的幸福。他們既以物喜，又以己悲，但總不以生活中原有的為滿足，卻為不能得到的而痛苦，讓自己的心靈長滿了世俗的、物欲的繭花，無法感受生活幸福的真諦，最終使幸福漸行漸遠。

有位哲人說：「生活是無可選擇的，對它，我們必須接受。惟一的選擇就是如何生活。」

安洋，今年三十五歲，在一家軟體公司擔任部門主管。今天是週末，又恰逢他和妻子結婚五周年紀念日，他早就打算好晚上和妻子一起去吃西餐，飯後再帶妻子去聽一場音樂會。

可是就在臨下班前半個小時，王總來電話說有一個非常著急的工作，一定要當天晚上處理完。安洋萬般不情願地接受了這個任務，並且沮喪地給妻子打了一個電話，說今晚不能去聽音樂會了，改天一定補上。妻子雖然有一些失望，但還是安慰他要踏實加班，認真完成工作。

「終於搞定了！」本來坐在辦公桌前的安洋一下子蹦了起來，然後下意識地看了一下手錶，時針已經指向夜裏十點了！安洋迅速收拾好桌上的東西，關掉電腦，然後夾起公事包匆匆跑出辦公室。他一邊下意識地看著手錶，一邊向外走，卻意外地看見妻子就站在他的眼前，正淺淺地衝著他微笑。

原來，妻子接到安洋的電話後，並沒有回家，反而到安洋上班的寫字樓來等他下班，又怕打擾他工作，就沒有直接上樓去，而是一直在樓下等他。

「好啦，開始慶祝我們的結婚紀念日吧！」妻子溫暖的笑容讓安洋滿身的疲憊和加班的怨氣一掃而光。

他歉意地看著妻子，妻子似乎也看出了他的心思，便安慰他說：

「我知道你很重視今天這個日子，因為我和你是一樣的。只是加班是在所難免的，老總特意安排你來完成這個工作，證明你在公司越來越受重視了，我們應該為此感到高興才對！我來這兒等你，今天的結婚紀念日我們就會多半個多小時在一起啊！來吧，用我新發明的方式來慶祝我們的結婚紀念日！」

聽妻子這麼說，安洋充滿感激地把妻子攬入懷中，體會著這令人感動的幸福！這個結婚紀念日，他們沒有溫馨的燭光，沒有豐盛的晚餐，更沒有美妙動人的音樂，但卻有最平實的幸福。安洋覺得，這是他最難忘的一次結婚紀念日。

第二天，安洋充滿激情地向上司報告了加班完成的任務。他的幸福也感染了他的上司，「安洋，你做得不錯，大週末還讓你加班！這樣吧！下周給你三天帶薪休假，好像你們就是在這幾天結婚的，陪你愛人好好放鬆一下！」

「謝謝老總！」安洋按捺不住心頭的興奮，快步走出辦公室，迅速撥通了妻子的電話。

我們應該爲安洋感到慶幸，也應該祝福他，因爲他有一個體貼的妻子。雖然丈夫在結婚紀念日這麼重要的日子爽約，但是她體諒並且寬容了自己的丈夫。他們用自己的方式慶祝了自己的結婚紀念日。燭光晚餐和音樂會可以帶給他們幸福，街頭的嬉鬧也能給他們帶來幸福。

試想一下，如果安洋回到家裏，妻子拉著臉發脾氣，再嘮叨一大堆，比如「你是存心不想請我吧」「怎麼偏偏這個時候加班」等，恐怕安洋第二天也不會有什麼好臉色給老總看。老總可能會想：「讓你加個班就這樣？」什麼帶薪休假，也絕對不可能了！

幸福是需要我們修煉的，只有一直保持幸福的心情，才能在遇到一些問題的時候，用積極的態度來面對它。生活本身就是一個選擇，幸福還是悲傷都由你自己作決定。只有幸福的女人才是最美麗的。所以，從現在起，每天早上起床時告訴自己：我選擇幸福，我幸福無比。

3 不用「完美」苛求自己——珍惜每一刻幸福

曾幾何時，做個完美女人是不少女人的目標，「出得廳堂，入得廚房」就是對這類女人的描述。可是，當「家庭、工作、父母、孩子、交際」這完美女人的基本五要素全壓在身上時，女人卻不堪重負。

此時你會發現，做個不完美女人，反而會更快樂。

許多女人容易衍生出這樣一種心理：爲了得到愛，爲了和某個男人建立一種相對親密的關係，她們必須盡可能把自己變得萬種風情、美妙無比，最好是完美無瑕，能夠顛倒眾生。假如世上真有一面魔鏡，不知有多少女人在清晨梳妝的時候，會面對著鏡子喃喃自語：「魔鏡，魔鏡，我是不是世上最美麗的女人？」

誠然，男人在夢想中，總是希望能夠擁有一個完美的女人，可是他們心中的完美未必就是女人心中的完美，甚至有時差距還很大。更何況，愛與不愛，和完美根本就沒有多大關係。

甚至，恰恰相反，完美的女人更難收穫完美的愛情。男人什麼時候真愛過完美的女人？這是個讓人存疑的話題。的確，有的女孩子不是很完美，但是她們卻可以擊敗那些看上去很完美的女孩；有的女孩不乖，但是她們總是能吸引到心儀的男人。

許多人在感情失敗的時候，總是以爲是因爲自己不夠完美，其實，這不過是你的一種錯覺罷了！當男人喜歡你的時候，即使你再怎麼輕浮、風流、無知，甚至粗俗，他都不會爲自己喜歡上這樣一個女人而感到羞愧，相反，他會說自己正是被你如此的與眾不同所吸引！

女人真的不必太完美，一味地追求十全十美，不過是給自己披上了一件奢侈而沉重的華麗外衣，看起來悅目，穿上卻並不舒服。一個女人首先要懂得欣賞自己、把握自己，要保持心理健康，更要心理平衡，學會接納自己，接受自己的長處與缺點。一個人做得再多再好，也總會有不完善的地方，無法讓所有的人都滿意！

學會適可而止吧！眼睛不夠大、天生的自來卷、貪玩留下的小疤痕……是不是身體上總會有一兩處讓你懊惱的小瑕疵？請記住：沒有人真正擁有完美的身體，也許你自己眼中的不足，別人根本就沒有注意到，甚至只要換個角度來評價它，它反而會變成令人驕傲的地方。

我們爲什麼總是容易關注自己的小瑕疵？就像我們更容易關注一張白紙上的小黑點一樣，我們常會因爲很小的一個點而忽略其他部分，因過於計較「一個點」而漸漸覺得它就是全部，於是下定決心，一定要不惜代價地「消滅」它。分析其本質：人們總是爲了不斷滿足外界的標準而忽略自己的特質，用外界的認同來彌補內心的空洞，但實際上，空洞是無法用這樣的方式彌補的，唯有面對自己並接受自己才能讓內心充實起來。

每個人的身體都是上天賜予的禮物，要懂得珍惜自己的不完美，因爲也許正是這份不完美給予了你獨特與個性。只有把注意力從你的缺點上移開，你才能在別人面前表現得自然、不做作。慢慢地，你會發現，那些所謂的缺點根本無足輕重。

當你發現自己的不足時，內心會發出信號予以對抗，但是有些瑕疵就算耗盡全部能量也無法改變。此時，你需要換個角度去想，利用自己的不足，把缺點整合，從而獲得新的能量。當負能量變成正能量的時候，我們也就能與自己的身體平靜相處了！

不完美，真的沒關係，快樂才是最重要的。要給自已留有時間和空間，用豁達的心態去對待一切、看淡一切，只有給自己信心，懂得欣賞自己，你才會有發自內心的微笑，才能更好地發展自己，才會有成功的機會。

4 適應改變，從容應對——做剛剛好的自己，有剛剛好的幸福

當你羨慕別人獨立的時候，別人也在羨慕你有溫暖的家庭。你總是得到且不珍惜，所以才會陷入不幸的邊緣。

如果生活跟我們的預期出現了偏差，我們就會不停地抱怨，而忽略了每一件事情都有它的兩面性。成功了，我們獲得財富人生；失敗了，至少我們還有人生財富。不是我們不幸福，而是我們忽略了那些信手拈來的幸福。不要再左顧右盼，就做剛剛好的自己吧！

也許你仍未尋找到自己的真愛，仍舊彷徨在愛情和婚姻之外，而且外人的目光和議論也讓你有些難過。此時，爲自己在心裏轉個彎：就算遇不到自己的夢中人，也不必爲了他人的目光和議論而倉促地選擇一份愛情或者婚姻。你的生活又不是他們在過，何必去在乎？做好自己，你才能得到內心的安寧。

也許你正處在無望的婚姻生活中，你受了委屈無處訴，你想擺脫卻因爲責任而無法啓

齒。此時，爲自己在生活上轉個彎：認真思考一番，到底是什麼原因導致婚姻出現了問題？是你自己，還是對方？你還能接受嗎？如果努力就可以挽回，能夠比從前過得更好，何不放下內心的枷鎖，給自己一個輕鬆的答案？與其苦苦糾結在越來越糟糕的關係裏，還不如試著去整理一番。就像雜亂的屋子，你不整理，只會越來越雜亂。

也許你的事業正處在進退兩難的境地，想晉升，又不知道能力是否已經足夠，但也不希望被後來的年輕人趕超。此時，爲自己在態度上轉個彎：無論你做不做，別人都會去做；無論你學習不學習，別人都會前進。所以不妨放下自己過往的成績，認真做好你的事，努力去學習他人的新觀念，接納因爲自己的付出而獲得的成功或者失敗。你還有機會讓自己大大地改變一番，雖然改變很難，但改變不就是爲了讓自己過得更好麼？

很多女人都吃虧在自己不願意轉彎的心態上，因爲年紀已經積累了許多自己的觀念和經驗，面對他人的質疑會不自覺地產生抵制態度，特別是對比自己更年輕的人，會抱有一種看不慣的態度：他們的衣著、言談、思想都足夠新潮和火爆，而自己卻正逐漸進入保守和淡定的年歲。如果你能想一想，自己也曾經年輕過，他們的今天就是自己的昨天，那麼在心態的調整上，就會好很多。

其實，無論什麼時候，都要學會轉彎。當你站在某處，看不到優美的風景時，不必仰天長嘆，而是要想辦法站到可以看到風景的那個地方去。智慧和從容，從來都是女人不可或缺的秘密武器。也許你二十多歲的時候，還沒法仔細地去琢磨這兩個詞語；但是如果你已經三十歲了，卻還不懂得這兩個詞語對你是多麼重要，那麼，你就需要好好地反思一下自己的言行舉止了。

無論你覺得多麼幸福或者痛苦，都應攤平手掌，把自己的美麗和智慧牢牢地抓在手上。因爲在這個年紀，無論情感還是生活，都已經經不起太大的動盪了。幸福的女人，要讓自己更幸福；不幸的女人，這個時候也要學會爲自己的人生轉運。而挫折這種東西常常躲在你看不見的角落裏，企圖給你迎頭痛擊。你要做的，就是時刻準備著，用更有力的方式去回擊它。心慈手軟，用在生活中恰好；一招制敵，用在挫折上也剛剛好。

挫折來臨時，無論什麼方面，你都只能當個防禦者：事業上，你需要殺開一條血路，找到制高點；情感上，你需要固守堡壘，防止外來侵襲；對孩子的教育上，言傳身教，責無旁貸。誰讓你是一介柔弱女子？誰讓你生來就必須學會以溫柔化解一切情仇愛恨？

去學著感受身邊的幸福，挺胸收腹，抬起下巴，快步前行，把那些挫折通通都拋在後面。

幸福是形容詞，但是關於幸福的種種細節，卻關乎人的心理狀態、言行舉止。

幸福是從不設防的東西，只要你想擁有，任何時候都可以擁有。粗茶淡飯和燕窩魚翅之間，只是口感和價格的不同，但是幸福的分量不會變，全在於如何去感受。

有些女人說，我不幸福，因爲我沒住那名宅，沒開那名車，沒有稱心如意的金龜婿。可是女人，暫時無法得到這些，難道就期望天上會掉下這些給你嗎？何況，住名宅、開名車的人，不一定都有你這份閒心和期盼，你不是理應比他們幸福麼？

幸福就是幸福的事情比煩惱的事情多，只要幸福多過煩惱，那就是幸福的。

是的，我們之所以會覺得不幸福，不就是因爲常常覺得那些煩惱太多嗎？經常深覺那些煩惱讓我們看不到明天的出路在哪裡，蒙蔽了我們對幸福的觸感。至少，在日復一日不斷解決煩惱的過程中，我們對於幸福的感受已經越來越淺了。

是什麼時候，我們的心感受幸福的能力在逐漸減弱？是因爲煩惱多了，負面情緒多了，看慣了世事無常，感受過了人間冷暖，於是，覺得一切都失去了美感，只剩下赤裸裸的貧富之爭或者好壞之分。

當我們變得越來越世故、圓滑、老練的時候，我們就會開始喜歡孩子們臉上純潔無瑕的笑容，那種欣喜，是懷念，是對比，也是無奈。因爲曾幾何時，自己已經笑不出那般乾淨的笑容了。生活的壓力，重負在越來越沉的肩膀上，不能找藉口，沒法訴委屈，有的，只是默默地承擔。

然而，生活是你自己的，你的幸福、自由、情感、睡眠、財富等，都是你自己的。世界上，沒有任何一個人，可以代替你去感受幸福或者代替你生活，他們不能幫你包辦一切，無法為你承擔所有。

所以，放開你的心懷吧！珍惜當下的每一個幸福，忽略那些無法改變的。要改變他人總是很困難的，何不先從改變自己開始呢？當你不開心的時候，何不想想，這樣的負面情緒有用嗎？能助自己解決一切煩惱嗎？如果思維改變一下，用正面的情緒去面對會不會更好？

幸福的大門，永遠為你敞開著

只要你幸福的事情比煩惱多，那你就是幸福的。而關鍵之處就在於，你首先能讓自己處在幸福的心境裏，可以隨時隨地去感受那些真切的幸福。

幸福的大門，永遠爲你敞開著，至於你是走近它還是遠離它，關乎你的心境，關乎你的選擇，也關乎你的心靈品質與生活品質。

1 一起走過的日子就是幸福——幸福是心的溫度

什麼是人生真正的幸福？這個問題，一直是個哲學命題，因爲每個人的答案都不同。然而，對於女人來說，她們的幸福是家庭、健康和愛，這一點毋庸置疑。

擁有一個幸福美滿的家庭，對於她們來說太重要了。在他們眼中，幸福就是在家庭、健康和愛中，用她們的智慧和心懷，與身邊的人共同進退，共擔榮辱，同看每一片雲卷雲舒，攜手每一段花開花落的日子。

《聖經》裏說，女人是男人身上抽下的一根肋骨，所以，每個男人終其一生都在尋找自己丟失的那根肋骨。而女人，也在努力地尋找屬於自己的那個男人。

將婚姻看得太重要，結果會失去自我；將婚姻看得太不重要，則會讓對方覺得不受重視，也會失去自我。背負著婚姻失去自我的人，是太過於依附婚姻所帶來的安全感，認爲只要走入婚姻，一切就都四平八穩了，於是急於把自己的一切都奉獻在婚姻中。忘我的投入，有時候換來的卻是彼此的空間過於密切，從而讓彼此都無法喘息。而隨時可以甩手的婚姻，則是因爲過於強調自我和獨立。睡在一張床上，在一個桌子上吃飯，一個屋簷下生活，精神上卻仍舊處於單身狀態，這會令彼此失去安全感，從而讓彼此更顯孤單落寞。

男怕入錯行，女怕嫁錯郎。女人在結婚前要懂得，選擇一個與自己適合的、能夠一同成長的伴侶，是非常重要的；步入婚姻後，更要懂得如何去維持在婚姻裏的那種「給」與「受」的關係，這是能讓婚姻持久和美的一個保鮮秘訣。

問一百對幸福夫妻的恩愛秘訣，他們會告訴你很多技巧，其中最重要的，就是寬容、理

解、信任和彼此扶持。在這種關係中，他們雙方都處在給予和接受的過程中，那種感覺，只有他們兩個人在相處中才知曉。

婚姻的另一個保鮮秘訣是「你中有我，我中有你」。很多失敗的婚姻，並不是因爲彼此變了心，而是因爲在婚姻裏找不到兩個人的身影，看到的永遠只有自己或者對方。決定總是一個人做，不喜歡商量，更不喜歡折中自己的性格和喜好去遷就對方，要不聽你的，要不聽他的，婚禮上的盟誓不過是說著玩玩而已。這樣的婚姻，是悲哀的。

勵志大師劉墉說：「美滿的婚姻，是彼此有空間。」兩個人共同擁有一種關係，一輩子身在其中，有自己自由行走的空間，不必天天膩在一起，兩個人之間常有牽掛，常有新的關愛，對於兩個人來說，很重要。

實際上，每個處於婚姻中的女人，或多或少都已經有了自己對於婚姻的獨特見解。好也罷，壞也罷；幸福也罷，痛苦也罷；維持也罷，結束也罷。婚姻，對於身在其中的兩個人來說，不過都是過日子而已。至於這日子，你是過兩個人的感覺，還是過給別人看，外人是沒法干預的。因爲，身處一段婚姻中，你幸福不幸福，快樂不快樂，不關任何人的事，一切都只和你自己有關。

總之，婚姻是一輩子的事。每個想要幸福的女人，都不能只顧現在，而是要多看未來。能在婚姻裏獲得幸福的人，是世界上最智慧的人。但如果你不小心遇上了一段不幸的婚姻，而你自己也不懂好好愛自己，無疑，你會變成世界上最不幸福的人。

2 名利的追求都只是浮雲——平淡是真，平靜是福

一個年輕人問老者：「怎樣才能成功地攀登到夢想的山巔？」老者微微一笑，從地上撿起一張紙，疊了只小船放進身邊的小河。小船不急不躁，借著水流一聲不吭地駛向遠方。途中無論鮮花如何向它搔首弄姿，它都不為所動，默默前行。

老者說：「人的一生中誘惑太多，金錢、美色、地位、名譽……即使選定了奮鬥目標，途中卻會因私謀金錢而駐足，因貪戀美色而沉淪，因攫取地位而毀滅，因渴求名譽而浮躁，故難以像小船一樣，不為誘惑所動，向著既定的目標默默前行，這就是有些人做事半途而廢的原因。」

年輕人恍然大悟，打點起行囊，迎著風，向山頂爬去。

那個年輕人追夢的過程中，果真遇到了金錢、美色、權勢等的誘惑，但他不為這些所動。終於，他爬上了山頂，成功地實現了自己的夢想。

我們既然無法掙脫這個紛雜喧囂、物欲橫流的社會，就必須讓自己的內心擁有一份淡定。唯有淡定，才能讓自己的內心安靜下來，細細品味生活的萬千滋味。

有一個女孩，她的媽媽每週都要給農場主的小旅店代洗衣服，報酬僅有五美元。一個週六的晚上，女孩像往常一樣替媽媽去小旅店領錢。

農場主手裏拿著打開的錢包，裏頭裝滿了鈔票。女孩直直地看著那疊鈔票，農場主沒有像往常一樣訓斥她，而是立即從裏面抽出一張給了她。她急忙從他那兒走出來，到了路上，她停下來用別針把錢小心地別在圍巾的皺縫裏。

這時她發現，農場主給她的鈔票不是一張，而是兩張。

她的第一反應是為得到這筆意外之財而感到高興。她心裏想：

「我要給媽媽買一件新的斗篷，媽媽可以把她那件舊的給姐姐，這樣姐姐明年冬天就可以和我一起去星期日學校了。也許還能給弟弟買雙鞋子。」

她笑著、跳著，往家裏趕。耳邊卻響起了媽媽的話：「你想人家怎樣待你，就就以什麼樣的方式待人。」

此時，她的心裏開始掙扎，這無疑是一個極大的誘惑。她在這條路上來回地跑，試圖讓自己平靜下來。

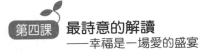

最終，她用盡全力，抵制住了心底那個誘惑的聲音，把多出來的錢交了回去。

就這樣，女孩一直堅持著這條法則，面對誘惑，始終保持著淡定，女孩也因此獲得了多少人可望而不可及的巨大成功。

她，就是美國ebay公司前首席執行官梅格．惠特曼。

誘惑是難以抗拒的。面對誘惑，有的人能做出驚人的偉業，有的人卻成了寂寞的俘虜；有的人能夠守住精神的底線，有的人卻成了道德的叛徒；有的人能夠參悟人生的真諦，有的人卻跌倒在了地獄的深淵裏。

俄國哲學家車爾尼雪夫斯基說：「生活只有在平淡無味的人看來才是空虛而平淡無味的。」當所有塵埃落定之後，所有的激情都會化爲平靜，生活、愛情和人生終歸會演繹爲平平淡淡，如一朵平實淡定的菊開在如水般純淨透明的生命裏，每一片花瓣都散發著清淡的芬芳。

淡定的人不畏浮雲遮望眼，能以一顆清醒淡雅的心面對誘惑，耐得住寂寞，守得住清貧。淡定是一種超然的人生態度，引領我們穿越人生的叢林，去看那清明如鏡的小溪水，心底無私天地寬，一切都能雲淡風輕，快樂、幸福皆源自於自己的心。

錢鐘書先生說：「世界就像個圍城，城裏的人往外擠，城外的人往裏擠。」生活中的確如此，身居繁華都市的人，往往追求寂寞平靜的田園生活；而身在林深竹海的鄉人，卻又很嚮往燈紅酒綠的都市生活。

其實，平靜是福，真正生活在喧囂吵鬧、充滿謊言的都市中的男女，可能更懂得平靜的彌足珍貴。與平靜的生活相比，追逐名利的生活是那麼不值得一提。平靜的生活是在真理的海洋中，在爭流波濤之下，不受風暴的侵擾，保持永恆的安寧。

心靈的平靜是智慧美麗的珍寶，它來自於長期、耐心的自我控制，心靈的安寧意味著一種成熟的經歷以及對事物規律的不同尋常的瞭解。

人人都嚮往平靜，然而，生活的海洋裏卻因爲有名譽、金錢、房子等在興風作浪而難得寧靜。許多人整日被自己的欲望所驅使，好像胸中燃燒著熊熊烈火，一旦受到挫折，一旦得不到滿足，便好似掉入寒冷的冰窯中一般。生命如此大喜大悲，哪裡有平靜可言？人們因爲毫無節制的狂熱而騷動不安，因爲不加控制的欲望而浮沉波動。只有明智之人，才能夠控制和引導自己的思想與行爲，才能夠控制心靈所經歷的風風雨雨。

是的，環境影響心態，快節奏的生活、對環境的無節制的污染和破壞，以及令人難以承受的雜訊等都讓人難以平靜，環境的攪拌機隨時都在把人們心中的平靜撕個粉碎，讓人遭受浮躁、煩惱之苦。然而，生命的本身是寧靜的，只有內心不爲外物所惑、不爲環境所擾，才能做到像陶淵明那樣身在鬧市而無車馬之喧，這就是所謂的「心遠地自偏」。

一個人只要能丟開雜念，就能在喧鬧的環境中體會到內心的平靜。

有一個小和尚，每次坐禪時都感覺有一隻大蜘蛛在他眼前織網，無論怎麼趕都不走，他只好求助於師父。師父就讓他坐禪時拿一枝筆，等蜘蛛來了就在牠身上畫個記號，看牠來自何方。

小和尚照師父交代的去做，當蜘蛛來時，他就在牠身上畫個圓圈，蜘蛛走後，他便安然入定了。

當小和尚做完功一看，卻發現那個圓圈在自己的肚子上。原來困擾小和尚的不是蜘蛛，而是他自己，蜘蛛就在他心裏，因為他心不靜，所以才感到難以入定。正像佛家所說：「心地不空，不空所以不靈。」

平靜是一種心態，是生命盛開的鮮花，是靈魂成熟的果實。平靜在心，在於修身養性。只要有一顆平靜的心，平靜無處不在。追求平靜者，便能心胸開闊，不為誘惑，坦蕩自然。

平靜是一種幸福，它和智慧一樣寶貴，其價值勝於黃金。真正的平靜是心理的平衡，是心靈的安靜，是穩定的情緒。

如果你每天騎著單車上下班，回家到菜市場購物一番，之後再做幾盤可口的家常菜，和家人孩子一起享受天倫之樂，那你就應該慶幸了，因爲你平淡的生活充滿著無比的幸福！

這個世界有太多的誘惑、太多的欲望。一個人若想以清醒的心智和從容的步履走過歲月，那他的精神中必定不能缺少淡泊。雖然我們渴望成功，渴望生命能在有生之年留下優美的軌跡，但我們需要的是一種平平淡淡的快樂生活，一份實實在在的成功。這種成功，不必努力苛求、轟轟烈烈，不一定要有那種「揭天地之奧秘，救萬民於水火」的豪情，只需一份平平淡淡的追求，足矣！

生活，並不是只有功和利，儘管我們必須去奔波賺錢才可以生存，儘管生活中有許多無奈和煩惱。然而，只要我們擁有一份淡泊之心，量力而行，坦然自若地去追求屬於自己的真實，就能做到寵亦泰然、辱亦淡然、有也自然、無也自在，如淡月清風一樣來去不覺。這樣的生活，不是要輕鬆得多嗎？

也許，你沒有輝煌的業績可以炫耀，沒有大把的鈔票可以揮霍，但你擁有淡泊，這就已經是人生求之難得的幸福了。諸葛亮有言：「非淡泊無以明志，非寧靜無以致遠。」淡泊是一種真我，一種英雄本色。追求淡泊者，生活的道路上永遠都開滿鮮花，永遠都芳香四溢；追求名利者，生活的道路上會遍佈陷阱，只能在生命終結的一刹那體會到稍縱即逝的一絲快樂。

人生的大戲不可能永遠處於高潮，平平淡淡才是真，擁有淡泊之心，便能撥雲見日，體會到生活的真正內涵，否則，只能在生活的邊緣徘徊，捨本逐末。

學會淡泊，擁有淡泊，你就能在當今社會愈演愈烈的物欲和令人眼花繚亂、目迷神惑的世相百態面前神寧氣靜，你就能拋開一切名韁利索的束縛，在人生的大道上邁出自信與豪邁的步伐，讓心靈回歸到本真狀態，從而獲得心靈的充實、豐富、自由、純淨！

3 走出「偽幸福」的堡壘——並不是鮮花盛開的地方就是天堂

在如今這個喧囂的社會，人們的生活更像一場作秀，光鮮的日子是給別人看的，幸福的婚姻也是給別人看的。如果你的生活確實風光、婚姻確實幸福，那給人看看又有何妨？但可悲的是，這一切都是你偽裝出來的。別人看不到你光鮮下面的疲憊，看不到你幸福背後的同床異夢，而你會要爲了別人欣羨的目光給你帶來的僅有的一點虛榮感，而繼續著你這虛僞的生活，過著臉上笑，心裏哭的日子，把自己禁錮在僞幸福的堡壘中不可自拔。

司馬遷的一句話非常經典：天下熙熙，皆爲利來，天下攘攘，皆爲名往。現代人的生活，已經不僅僅是穿衣吃飯這麼簡單的問題了。生存法則中，夾帶著許多生存潛規則，和許多爲了生存而附帶出來的利欲需求。它們讓你窮於應付，也讓你喪失了享受幸福的機會。

置身於繁華大都市，擁擠在名利場所，你被迫成爲點綴繁華的小景物，爲了讓自己適應那個環境，你只好改變自己。當自己不再是原來的自己時，你也已經沒有輕鬆的心情去品味生活、享受景致了。

並不是鮮花盛開的地方就是天堂，而你所看到的美麗，也未必就是幸福。

小艾的丈夫是一家上市公司的老總，孩子在國外留學。在人們的眼中，小艾的生活像灌了蜜般的幸福。

但小艾說，她一點也不幸福。首先是成功的老公，患上了男人花心的通病，在外面有了小三，小艾愛面子，不好向別人說，只好求助自己的兒子。

但長期在國外生活的兒子卻給了她另一番教導：不快樂就離婚。

這話讓小艾非常生氣，可她始終因為面子和地位而無法下定決心，只好把苦悶壓在心底，久而久之，精神也有些憂鬱了。

小艾的悲劇在於，在別人眼裏，她要風得風，要雨得雨。被這種羡慕的目光淋浴久了，她就沒有勇氣把不幸福展示在人前了。所以在外人和朋友面前，她必須一直很配合地端出虛僞的笑臉，來隱藏自己的不幸福。

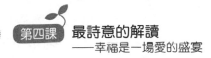

其實問題並不難解決，如果她能放下所謂的面子和虛假的尊嚴，通往幸福的路就會隨時為她打開。婚姻是盛放兩個人真誠情感的花籃，不是事業和金錢的衡量器。有時幸福，只需降低姿態即可。

生活在繁華大都市的人們，每天匆匆忙忙地擁擠於各個場合。他們透支青春、健康，辛苦地生存著，或許金錢、地位都有了，但真的到達了幸福的彼岸了嗎？或許只有深夜捫心自問的時候，答案才能浮出水面。

正所謂「高處不勝寒」，站在高處，你可以看到別人看不到的景色，但高處風勁、清冷更甚於低處。所以，當那些白領手捧花籃的時候，未必捧著幸福，說不定只是用鮮花裝扮的一份不為人知的孤寂和清冷。

延伸閱讀：為自己製造幸福源泉

你幸福嗎？人生路有平坦、有坎坷、有成功、有失意，怎樣獲得幸福，並一直保持幸福？根據世界各地不同專家的研究結果，我們總結出了二十種保持幸福心情的方法。不妨來看一下，為自己製造幸福源泉。

（1）聽音樂。

音樂具有和吃飯相似的作用。聽音樂的時候，大腦會釋放出多#，讓身體放鬆下來。音樂不僅能夠促進睡眠，還能降低心律和血壓。

（2）比同齡人賺更多的錢。

財富不一定讓你幸福，但是比同齡人賺得多會讓人幸福。存錢養老和未雨綢繆構成了一種積極的情緒，這種情緒也可以導致幸福。這是一種期待，作為遲來的滿足和回報，也會讓你幸福。

（3）把積極的情緒作為成功之路。

幸福更容易導致成功。幸福的人善於尋求新機會和新目標。幸福來源於成功和成就感，積極情緒會讓你幸福起來，從而讓你離成功越來越近。

（4）親吻、愛撫。

多#是一種神經傳遞素，可以使人的痛感降低。沒了疼痛，就會有幸福感。結合和信任的感覺，會產生「愛的荷爾蒙」，幫助你減輕壓力。

（5）使用幸福的回憶。

回憶你的勇氣、天賦、激情、興趣、潛能，不管這些是不是真的。搜索這些記憶可以讓你更幸福。

（6）做個樂天派。

樂觀是一種後天技巧，學習樂觀有很多種方法。你注意過自己的走路姿態嗎？你是抬頭走路，還是低頭走路？很多人都是邁著緩慢的小碎步低頭走路的，這樣的人大部分都很悲觀。要改變自己，就從走路姿勢開始。首先，要糾正自己的走路姿態，要昂首挺胸，大步快速地走路；其次，改變自己的語調，讓聲音歡快、充滿能量；再者，多用幸福的字眼，用「挑戰」代替「問題」，遇到「損失」的時候，想想這也許是個「機會」。積極的想法和行為都會對大腦產生積極的影響，發出幸福的信號。不過想到達到上述改變，需要耐心一些，也許要四到六周的時間才會見效。

（7）嘗試新事物。

你有想過學種樂器、學打網球、學習滑雪嗎？嘗試一下吧。因為，經歷豐富的人更容易保持積極的心態。積極情緒和消極情緒的最佳比例是三比一，如果達到一比一的話，就很可能會導致焦慮和憂鬱。

（8）傾訴。

無論好事壞事，談論一下都能讓人幸福，即使是在電話裏。傾訴的過程可以影響人的記憶，也就是說，傾訴一段不好的經歷，可以讓這段不愉快的回憶更快消失。如果有很多不同的傾聽者，這種方法會更奏效，也就是說，對不同的人重複進行傾訴會讓你忘記煩惱，幸福起來。

（9）讓身體動起來。

運動也可以釋放多肽。運動可以幫你釋放壓力，消化焦慮感和輕度抑鬱，是保證健康的好方法。

（10）找到工作與家庭的平衡點。

手機、網路等，所有現代通訊技術改變了我們的生活。對一部分人來說是好事，但對其他人來說卻是問題。相對於把家庭和工作聯繫起來的人，分得開家庭和工作的人遇到的衝突會少些。找到工作和家庭中間的合理界限，可以讓人更加幸福。

（11）讓期望值更現實。

丹麥人最幸福，他們在歐洲的滿意度調查中連續三十年高居榜首。原因之一是，他們對來年的期望總是很低。還是那句老話：期望越大，失望越大。反過來說，沒有那麼大的期望，自然就不會很失望，煩惱也就會離你遠些了。

（12）創造時間。

時間就是生命。為何不學習控制時間、優化時間呢？你需要改掉那些會浪費你的時間的習慣。把每天要做的事情根據輕重緩急排好順序，可以幫助你節省一些時間。別再為時間煩惱了，騰出一兩天時間想想未來，想想自己感興趣的事吧。

（13）勾畫幸福。

人類可以在腦海中回憶過去、模擬未來，至少我們可以為未來發生的事做好思想準備。當你有明確目標的時候，這種方法會很有價值。勾畫自己想要的生活，可以讓人覺得一切都是可以達到的。閉上眼睛，想想未來的美好藍圖，可以幫你拾回失去已久的自信。

（14）微笑。

微笑吧，笑一下不會傷害你。微笑會讓你更幸福。無論遭遇到什麼事情，如果能夠笑一下，感覺會好得多。微笑，讓機會出現在你的身邊。

（15）大笑。

多聽聽笑話、看看喜劇，發自內心的笑一笑，笑到流出眼淚，笑到肚子疼。笑，能增進人與人之間的關係。儘量待在在人群中，因為這樣更容易笑出來。想要減輕壓力，加強你的免疫系統，那就放聲大笑吧！

（16）培育信仰。

無數的調查都指向一個結論：有信仰的人比沒有信仰的人幸福。因為有了信仰就有了社會支持，有了決心，也有了轉移注意力的理由。深呼吸、冥想，都可以幫你釋放壓力、焦慮和緊張情緒，讓你以更好的狀態向前邁進。

（17）做好事。

幫人開門，為人指路，讚美別人，無論是對朋友，還是對陌生人，善意的行為都會讓人更幸福。而且做好事越頻繁，就會越幸福。因為當別人向你投來感謝的目光時，你會感受到人們對自己的肯定。

（18）幸福婚姻。

無論婚姻實際上幸福與否，獲得一份有承諾的感情，會比沒有感情依靠更幸福。和幸福的人結婚，你也會幸福。幸福作為婚姻的一部分，也是可以被分享的。

（19）細數祝福。

計算一下你的祝福，但不用每天都計算，太頻繁地做一件事會失去新鮮感和意義。這種方式不適合每一個人，要跟據人們的性格、生活方式、生活目標來決定。感恩未必適合任何人，但如果感恩適合你的話，你可以每週給幫助過你的人寫一封感謝信，信未必要寄出，但這麼做會讓你感覺幸福。

（20）吃東西。

如果你真的不知道是什麼讓自己不幸福，那麼你可以關注一下你的身體狀況。吃一些諸如香蕉、小米粥、咖啡、綠茶、糖果等食品，也能讓你憂鬱的心情變得開朗一些。

第五課

最迫切的解讀
——職場上的幸福感

「在我看來，公司的獲利增加和員工的幸福感提升是可以同時達到的。但現實的狀況卻往往並不如此。所以，應該提倡的是，公司和員工實現雙贏，兩者都能獲得最大的好處。不管是在道理上，還是在現實中，這都是可能的。」

——泰勒・本・沙哈爾

選擇職業和選擇愛人是一樣的道理，選擇自己最喜歡的、適合自己做的、並且能充分展示自己才華的，才是正確的。因為只有那樣，你才可能感覺到幸福。

不尋找——從來沒有「幸福的工作」，也沒有「不幸福的工作」

「這山望著那山高」，這似乎是人們一種普遍的心理。所以，現在有一些白領總是覺得自己的工作不是很好，希望能找到一份更好的工作。比如，我們在與周圍朋友聊天的時候，很少能聽到有人說對自己的薪酬十分滿意，對自己的工作狀況十分滿意。相反，大家都在抱怨，自己的工作不是很好，收入跟別人比起來實在是太少了，等等。由於覺得自己現在的工作不是最好的，所以形成了一種心理落差，這種心理落差容易使人失去工作熱情，從而感到工作不幸福。

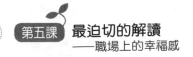

1 職場上真的有「更幸福的工作」存在嗎？

現代職場從來不存在什麼「幸福的工作」，所謂「幸福的工作」就像西方極樂世界一樣，僅僅只是人們的一種想像！

幸福是什麼？幸福是人們內心的一種滿足和愉悅。

不管你從事什麼樣的工作，三個月之後必將失去新鮮感，變成簡單的重複勞動，所以它本身無所謂幸福與不幸福！當然，某些工作對某些人具有天生的魅力，比如，對許多年輕的紅男綠女來說，演藝圈具有相當的誘惑力。但是，假如讓他們去演「路人甲」或「匪兵乙」，要不了一個星期，他們就會感到乏味。他們和男主角或女主角一樣，都是對著攝影機表演，爲什麼他們會不幸福，而主要演員卻很幸福呢？區別就在於有沒有產生成就感。這也就是說，幸福不幸福，不在於「表演」本身，而在於演員能否產生成就感。

一般說來，新員工剛進公司的時候都會幸福，但這種幸福很快就會隨著新鮮感而消失。因爲一旦分配給你具體的工作，你就會覺得這種工作與自己的期望相差太遠，從而覺得不幸福，於是開始跳槽。由於職場中沒有現成的幸福工作在那裏等你，你只好這麼跳來跳去，其結果就是自己在能力上沒有什麼長進，也沒積累到什麼資源。因爲無論你到哪個公司，儘管你的年紀已經不小了，但你在別人眼裏都算不上一個有經驗的員工，他們還是會把你當新員工看待。因此，他們不會把重要的工作交給你，更不會給你很高的薪水，而你人生的美好歲月就這麼蹉跎了。

那麼，爲什麼一些白領們會存在職場有「幸福的工作」這樣的想像呢？

其中一個最重要的原因就是資訊的氾濫。

比如，人們經常能從媒體上看到一些年輕的成功人士說：「我從事的工作很幸福！」「去做自己喜歡的工作吧！」「去做有創意的工作吧！」但是，媒體並沒有告訴人們，這些成功人士是如何努力地工作，以及他們在工作中遭受了什麼樣的挫折和失敗。的確，這些成功人士都喜歡自己的工作，並且也在努力地工作，但是他們是通過刻苦努力地工作，夯實了自己事業的基礎，積累了豐富的專業經驗之後，才取得了今天的成績的，所以他們才有可能隨意地工作、幸福地工作。也就是說，工作中的幸福是他們自己創造的，不是天生的，更不是由別人送給他們的！

只有工作幸福了，白領的生活才會真正的充實。一天廿四個小時，白領的大部分時間都是在工作中度過的。從早晨起床開始做準備，一直到很晚才下班回家，一天的大部分時間都用在了工作和學習上。沒有工作的充實和幸福，你就不可能感受到人生的充實。

當然，工作幸福並不意味著生活充實。所以，在幸福工作的同時，也要學會享受生活。如果會享受，懂得讓自己放鬆，那工作的效率就會更高！

職場上從來就沒有「幸福的工作」，同樣，現代職場也沒有不能帶來幸福的工作，所有工作都能讓我們享受到幸福，只不過它需要我們自己在工作中去創造。

小欣大學畢業後，總是覺得工作特別沒意思。一次，去朋友家做客，她對朋友抱怨工作不幸福，朋友聽完後，拿出剛買的葡萄來招待小欣。

小欣說：「我不吃葡萄，我怕酸。」

「我買的這葡萄很甜，真的！」朋友很熱情。但小欣還是不敢吃。

這下，朋友就開始較真了：「酸是什麼？甜是什麼？它們都只是你的一種內心感受罷了。葡萄是甜是酸，只有吃過之後，你的口腔受到了真實的刺激，才能產生感受，從而做出判斷。我說葡萄是甜的，是因為我已經吃過這種葡萄了，它已經給了我一種『甜』的感受。你還沒有吃這串葡萄，那你怎麼就能肯定它是酸的呢？工作是否幸福也是同樣的道理，你只有在努力工作之後，才能得出工作是否能讓你幸福的結論。在你還沒開始工作之前，你就認定工作是幸福還是不幸福，那是本末倒置！」

見朋友這麼認真和熱情，小欣只好壯著膽子吃了一顆葡萄，沒想到葡萄真的很甜。從此，小欣愛上了葡萄，也明白了「幸福是自己找的」這個道理。

2 「個性」不等於「天性」——職場上沒有完全適合你的工作

過去，人們常說「龍生龍，鳳生鳳，老鼠的兒子會打洞」。這意思是說，每個人都有特定的稟賦，相對而言，比別人更適合做某一類工作。現在有些白領覺得工作不幸福，就是因爲他們認爲目前的工作不適合自己的個性，所以，他們總想找一份更適合自己的工作。

從心理學角度來看，他們的這種想法並不是沒有道理的，因爲人們不同的個性對他們所從事的工作確實有一定的影響。

一九八九年，美國心理學家麥克雷可斯塔等人提出了「五大個性模型」，即人們的個性分爲外向型、宜人型、責任感型、情緒穩定型和開放型。

外向型和宜人型表示有關人際方面的特質；

責任感型主要是指工作行爲、事業態度與追求；

情緒穩定型體現的是人的情緒穩定性、平衡性、強弱程度；

開放型是指個體深層心理的文化特性、聰穎性等。

這五大因素都和人的習慣有關，它們與工作效率之間的關係也十分密切。比如，有的人擅長思維、動手能力差，讓他去做市場策劃可能是個高手，但讓他去做外科醫生，則有可能一場糊塗。

那麼，這種個性就是絕對的嗎？

有兩個編輯在同一家出版社工作。A編輯看上去非常喜歡自己的工作，她每收到一部好書稿，就會感到很幸福，因為不僅能產生閱讀的愉悅，而且是一個自我學習和提高的過程；而B編輯則完全相反，她很不喜歡做編輯工作，只是因為找不著其他讓自己滿意的工作，才勉強做這份工作的。

在同一個出版社，同樣是做編輯工作，這至少說明她們的工作本身沒有「幸福」與「乏味」之分，且她們的個性差別也不大，那是什麼原因讓她們對同樣的工作產生了迥然不同的感受呢？

導致這種差異的原因就是她們的價值觀不同。

工作幸福與否不取決於工作本身，而是取決於你本人的「個性」特點和價值觀。

所以，職場上沒有百分之百適合你個性的工作，你也不可能找到完全適合自己的工作。

個性並不等於天性，它不是絕對不能改變的，所以，自我調整是非常必要的。你調整了自己的心態，就能適應工作的要求。只有這樣，你才有可能在工作中找到幸福。

比如，按心理學的個性分類，從事推銷工作的人最好屬「宜人型」，即性格外向，而且表達能力強。但事實上，銷售業績最好的人往往並不是那些伶牙俐齒的人，而是那些看上去性格比較內向的人。他們性格比較內向，拙於言辭，但他們能根據客戶的需求調整自己，儘量與客戶去溝通。他們雖然話不多，很多時候更像個諮詢師，但一說就能說到實處，能讓客戶感到放心。因此，很難說是工作適應了他們的個性，還是他們的個性適應了工作。

現在，很多上班族都在尋找適合自己個性的工作，並以這個來判斷工作是否幸福。但是，他們往往只注重眼前的是否適合，而沒想過要去調整自己。所以，不到一兩年，甚至不到一年，就覺得現在的工作不適合自己，找不著幸福，於是，揮揮手，不帶走一片雲彩就跳槽了。這樣既不利於職業的長遠發展，也很難找到真正的幸福。

凡事都具有兩面性，工作也一樣。如同玫瑰，雖然有美麗的芬芳，但也有扎人的刺。我們在收穫工作的回報與成就感時，也應該理性地接受其中的不完美。

對於每一個人來說，既然已從事了一種職業，選擇了一個崗位，那就應該去接受它的全部。工作中會有我們喜歡的部分，比如工資與成長，也會有我們不是很喜歡的部分，比如困難與挫折。但這些都是我們的工作，是一個整體，任何人都不能將其分開。如果你想享受工作帶給你完整的幸福，那就一定要接受工作這個整體，只有體會了完整的過程，才能讓幸福的笑容更美。

「你需要一個不會滲漏的閥門，並且竭盡所能開發這樣的閥門。但是現實世界給你提供的是滲漏的閥門，因而你必須做個決斷，你到底能忍受多大程度的滲漏。」這是研發土星五號、實施第一次阿波羅登月計畫的科學家亞瑟・魯道夫對「風險」概念的表述，但反過來，也可以認為是對工作並不完美的最佳注解。

卡內基說：「事情的本身不能使我們幸福或不幸福，決定我們感覺的是我們對事情的反應方式。」工作是否會有成果，往往取決於對待工作的態度。以包容的心態去面對工作，會激發我們在工作中的熱忱；以抱怨的心態去面對工作，則會消磨我們在工作中的激情。

工作是一個人的使命，坦然地接受工作中的一切，除了益處和幸福，還有艱辛和忍耐。只想享受工作的益處和幸福的人，是一種不負責任的人。他們在喋喋不休的抱怨中、不情願的應付中完成工作，必然享受不到工作的幸福，更無法得到升職加薪的幸福。

那些在求職時念念不忘高位、高薪，工作時卻不能接受工作所帶來的辛勞、枯燥的人；那些在工作中推三阻四，尋找藉口為自己開脫的人；那些不能任勞任怨滿足客戶要求，不想盡力超出客戶期望提供服務的人；那些失去激情，任務完成得十分糟糕，總有一堆理由拋給上司的人；那些總是挑三揀四，對自己的工作環境、工作任務這不滿意那不滿意的人，都需要反思一下自己的工作態度是不是出了問題。

每一份工作都蘊涵著無數個成長的機遇。任何一份工作都值得你認真對待，值得你去做好。

剛做旋車工的薩姆爾·沃克萊日復一日的工作就是旋螺釘，看著那一大堆等待他去旋車的螺釘，薩姆爾·沃克萊牢騷滿腹，心想自己幹什麼不好，為什麼偏偏來旋螺釘呢？他想過找老闆調換工作，甚至想過辭職，但都行不通，最後尋思是否能找到一個積極的辦法，使單調乏味的工作變得有趣起來？

於是，他和同事商量展開比賽，看誰做得快。

這個辦法果然有效，他們工作起來再也不像以前那樣乏味了，而且效率也大為提高了。不久，他們就被提拔到了新的工作崗位上。後來，沃克萊成了一家著名的火車製造廠的廠長。

不要把工作看成是一種謀生手段，而應該把它當成一種樂趣，這樣你才能為工作投入，甚至為它癡迷。這時所有的困難都會變得容易起來，因為工作已經成為了一種幸福和享受。

「世事豈能盡如人意。」人生也好，工作也罷，都是在不斷改進自己的過程中前行，而完美的結果和完美的過程都是不存在的。既然沒有一項工作是完美的，也沒有一項工作會讓一個人完全滿意，那麼我們就應該讓自己少一些抱怨，多一些積極的心態去努力進取，這才是我們正確的態度。

法國思想家盧梭曾經說過，忍耐是痛苦的，但它的果實是甜蜜的。在工作中有得失是常態，也就是說，在一種正常的狀態下，你不應該要求這些都被避免，而應用溫和的態度去面對這些得失，盡可能維持原本感恩、喜樂、平安、反省的狀態。

一個能夠坦然面對挫折，承受工作中委屈的人，一定能頂住壓力，在職場上取得卓越的成就。他們不是天生的強者，卻是有著有優良品質的卓越者。他們從未將工作中的得失、委屈看作是一種痛苦，而是不斷地調整、適應，爲自己爭取一個個可以成功的機遇。

美國聯合保險公司有一位名叫艾倫的推銷員，他很想當公司的明星推銷員。從很早以前，他就認為自己具有推銷的天賦，他也確信自己一定能實現這個夢想。

在剛進入保險公司的時候，由於學歷低、經驗有限，艾倫常常受到同事們的諷刺和排擠。冷嘲熱諷的話語對他來說是家常便飯，也時常會有到手的好任務，卻被別人搶先獲取。不過，他並沒有計較這些，相反，為了積累經驗，他甘願接受這些別人不願意接受的任務，而目的僅僅是為了鍛煉自己。

那是一個寒冷的冬天，在劃分推銷區域時，很多同事都向上司申請在市區附近工作，這樣可以快點回家休息。而最終討論的結果是，由艾倫來負責那些距離遠、人口少的區域。艾倫什麼都沒說，而是立即起程，儘管他知道，以前在這個區域還沒有誰推銷成功過。

但是，他在心裏對自己說：「你們等著瞧吧，我一定會成為明星推銷員！今天我會再次拜訪那些顧客，我會售出比你們的總和還多的保險單。」

基於這種心態，艾倫回到了那個街區，訪問了每一個人，結果售出了六十六張新的事故保險單。這確實是了不起的成績，而這個成績也不斷激勵著他，讓他最終成為了真正的明星推銷員。

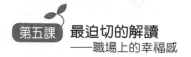

作為一名推銷員，艾倫的表現是出色的。面對工作中的委屈，他沒有自哀自憐，沒有自暴自棄，而是踏踏實實地工作，最後終於成了一名「金牌」推銷員。他的經歷也提醒我們，每個人的工作、遇到的情況雖然不同，但都可能會面臨得失、經受委屈。對於同樣的問題，有的人消沉萎靡、怨天尤人，有的人卻能更加積極、正面地去處理。一味糾纏在這些小事上，只會消磨自己的時間，浪費原有的機會。

一位成功的企業家在鼓勵員工時說：「在佈滿荊棘的道路盡頭，等待你的會是美麗的花園。你們應當相信：目前所擁有的工作，不論順境、逆境，都是對自己最好的磨煉和考驗。只有如此，你才能在得失和委屈面前依舊心存喜樂，高效工作。」

幸福感攻略：尋找行動和反思的平衡

解決方案一：生活在當下

很多人常常在工作時打開手機、電腦、E-mail，認為自己能夠同時兼顧好幾件事情。研究證明，這樣的狀態會影響一個人的工作表現。無論是採取商業行動還是進行反思，活在當下非常重要。只有專注、心無旁騖地做一件事情，減少其他干擾，才是最有效率的方式。

解決方案二：學會掌控時間

很多管理者的權力很大，但卻很難把手機關掉，真正斷開和外界的聯繫，進行深度獨處和反思。其實，這樣會影響他的智商表現，也會影響他的領導力表現。

理想的時間掌控狀態應該是這樣的：當你要處理某件事情時，應該讓秘書把電話切斷，拒絕一切來訪者，哪怕只是短短的十分鐘；當你和家人在一起時，也要把所有通訊方式都斷掉，拒絕工作打擾。這才是對時間的控制。

解決方案三：建立生活時間表

就像在日程表中列清你要和誰見面一樣，你也應該列出專門的用來反思以及和家人共度的時間，使之成為日程表的一部分。

個人的生活同樣需要用經營商業的態度來對待，所以你可以有兩個日程表：一個是你的商業時間表，一個是生活時間表。通過商業時間表，你可以獲得金錢；通過生活時間表，你將收穫幸福。而幸福才是最終衡量一切的通用貨幣。

解決方案四：和家人一起

我們跟家人在一起時，應該度過一些真正有意義的時間，不是簡單地住在一起，而是要彼此瞭解、彼此關心對方內心的感受，和對方交談、玩樂。

不依靠
——職場沒有「聖誕老人」

作爲普通人都生活在具體而又現實的世界中，每天多少都要碰到一些令人心煩的事，因此，心情經常不愉快是很正常的。但是，一些人在自己不幸福的時候，總希望有人能將自己從鬱悶中拯救出來；他們就像等待聖誕老人的禮物一樣等待加薪，等待上司和同事給自己送來幸福。但是，周圍的人對此往往孰視無睹、不聞不問，於是他們感嘆人情淡漠、世態炎涼，從而更加不幸福。

其實，職場上沒有「聖誕老人」，要想幸福，不但不能依靠別人，還必須學會主動給予別人。

1 幸福，不會隨「薪」動

金錢不是萬能的，但沒有金錢是萬萬不能的。在這商業社會中，一切都是等價交換，所以，一旦離開了金錢，人們就會寸步難行。很多在寫字樓裏工作的人感到工作不幸福，就是因爲他們覺得自己的薪水太低了。

那麼，工作幸福是否真的是由薪水高低決定的呢？

人們在很小的時候，都寫過這樣的一篇作文：長大了我要幹什麼。純真的孩童把心中所想寫進作文裏，那就是一生的理想。

人們朝著自己的理想，經過十幾年的寒窗苦讀，卻發現走入校門之後，自己根本無法堅持自己心中的綠地，而年少時的理想和追求，也幾乎成了一個遙遠而渺茫的夢。

走出大學，幾乎每一個年輕人的心中，都懷著一個美好的希望，希望自己的人生美滿幸福如意。但面對現實，他們中的許多人卻做出了和理想與追求背道而馳的選擇。他們把目光盯在了那些高薪或者熱門的職業上，腦子裏有著模糊的概念，似乎這樣才能實現自己的人生目標，才是人生幸福的表現。

但真實的情況卻並非如此。

生活中有許多人，他們有著較高的職位，社會地位也比一般人高。他們開著高檔轎車，穿著名牌衣服，享受著人們仰慕的眼光。但人們看到的只是他們表面的風光，卻看不到在高薪的背後，他們失去的要比得到的多得多。

生活的富足、都市的繁華，讓許多人迷失了本性，掙扎在物欲裏，抗拒不了燈紅酒綠的誘惑。他們不滿足現狀，一味地索取，總想抓住更多，過更好的生活。金錢和物質蒙蔽了他們的雙眼，他們甚至沒有時間和能力再去思考：人生的意義到底是什麼？自己做的這一切真的是幸福的麼？最終把自己深深迷陷在欲望的陷阱裏，越來越遠離自己的心靈世界，精神狀態也越來越蒼白。

人生的樂趣，在於自我價值的體現，在於生命的創造。而許多看似熱門的職業，卻正是扼殺你創造力和自我價值的工具。

許多初出校門的大學生，面對擇業，缺乏最基本的思考能力，一窩蜂地湧向一些高薪或者熱門的職業，卻不知這樣做，看似有無限榮光，卻把自己一步步逼近了死胡同。因爲那些所謂的熱門職業，看似風光，也有著許多利潤，但未必適合你。而當你通過這些職業得到一些東西時，你也許會失去你人生最寶貴的理想和追求。

現在，有很多白領都說自己的工作不幸福，是因爲工作的待遇太差、薪水太低。其實，這只是一種錯覺，不能把工作不開心的責任都推到薪水上去。

由於一些白領將自己工作的積極性與公司獎金的高低掛鉤，所以，一些老闆便乘機利用這一點：「你們好好給我幹！幹好了，我就給你們加獎金！」金錢的確具有這種刺激作用，但是，如果工作只是爲了金錢，那你的工作就會讓你變得越來越累，無法給你帶來任何幸福。

什麼是工作的使命感呢？

聯邦快遞的總裁、前海軍陸戰隊員弗雷德里克・史密斯說：「要想讓員工具有使命感，首先要讓員工知道他們工作的意義和價值！我的辦法是告訴他們——你所從事的是歷史上最重要的行業，你每天不停遞送著的物品不是沙子和瓦礫，它可能是某個心臟病患者的起搏器、治療癌症的藥品、飛機的零件，或者是決定一件案子審判結果的法律證據。」

作爲一名員工，如果沒有使命感，他就是一名不稱職的員工，也就不能很好地完成自己的工作。實際上，使命沒有不可到達的地方，關鍵是我們能否堅持到底。當我們遇到瓶頸的時候，總是容易被「不可能」限制，停在原地無法再有突破。而對使命的忠誠與信守，則是一種強烈責任感的體現，是讓我們堅持到底的力量。

安德魯．羅文，美國陸軍一位年輕的中尉。時正值美西戰爭（一八九八年四月至十二月美國與西班牙之間發生的爭奪殖民地的戰爭）爆發，美國總統麥金萊（美國第廿五任總統）急需一名合適的特使去完成一項重要的任務，軍事情報局推薦了安德魯．羅文。

在孤身一人沒有任何護衛的情況下，羅文中尉立刻出發了，一直到他秘密登陸古巴島，古巴的愛國者們才給他派了幾名當地的嚮導。

那次冒險經歷，用他自己的話來說，僅僅受到了幾名敵人的包圍，然後設法從中逃出來並把信送給了加西亞將軍——一個掌握著決定性力量的人。

整個過程中，自然有許多意想不到的偶然因素與個人的努力相關聯，但是，在這位年輕中尉迫切希望完成任務的心中，卻有著絕對的勇氣和不屈不撓的精神。爲了表彰他所作的貢獻，美國陸軍部長爲他頒發了獎章，並且高度稱讚他說：「我要把這個成績看作軍事戰爭史上最具冒險性和最勇敢的事蹟。」

阿爾伯特在《致加西亞的信》一文中極力稱讚了羅文的精神。接到任務後，羅文沒有問「加西亞在哪兒」、「怎樣才能找到他」等問題，而是沒有任何藉口、積極主動地完成了任務。作者還用現實中的例子作對比，說明有很多人在工作的時候，不積極主動，喜歡找藉口。

很多人將羅文的精神歸結爲「主動性」，實際上，關鍵不只是這一點。不僅要主動，還要能把任務圓滿「搞定」。在工作中總是會碰到各種各樣的問題，這些事情做起來有時順利，有時困難重重。於是，我們不停抱怨，甚至想放棄，想換一份工作。

可是，就算我們換了一份工作，依然不能保證新工作中沒有困難、沒有問題。老闆之所以任用你，就是因爲需要你來解決工作中的難題，假如問題都被別人解決掉了，你只需要做現成的、容易的事，那老闆雇用你還有什麼意義呢？因此，當領導將任務交給你時，你就要負責，爭取將任務出色地完成，讓領導絕對放心。

其實，每個人的內心深處，都有幫助別人的願望，比如，一個五歲的小男孩，可能他平時會跟別人去打架，可是當他看到一個比他更弱小的男孩的時候，一般的情況下，他反而會給予他一些幫助。他爲什麼會這樣做呢？因爲他的潛意識裏有要幫助弱小的想法。

當然，社會上也有很多非常自私的人，但你去設想一下，他們的心態也是積極的。他們積極的地方是他們想爲自己的家庭成員付出，想讓家人過上很好的生活，只是在具體做法上，沒有考慮到對別人的傷害。

這種通過自己的努力來幫助別人改善生活的想法，就是你的使命感。

比爾·蓋茲在十九歲的時候創辦微軟公司，一直到今天，他還在拚命地工作，那是因爲他有一個想讓每個家庭的桌上都有一台電腦的工作使命感。也許在過去沒有錢的時候，他可以爲了金錢而工作，可是在今天，他的財產已經多到花不完的程度，他還肯拿出那麼多的時間去工作，因爲他要完成他的工作使命感。

每一個人的工作使命感是不同的。

每一個行業都有它獨特的使命感，你要找到你行業的使命感，當你在完成這種使命感的時候，你也在幫助別人，當你在幫助別人的時候，你也等於在幫助你自己。

使命就是你的工作所賦予你必須承擔的責任，而使命感就是你對這種使命的感知和認同。使命感實際上是人生價值觀的一種體現，把自己的工作當作使命對待，也就是對自己價值觀的一種尊重。因此，當自己完全了使命時，就是自己人生價值的一次實現，幸福自然會油然而生！

2 別把上司當老師——不要等待上司的關懷，要學會發現上司的期望

白領在工作中經常會遇到一些疑難問題，特別是一些職場新人，當他們遇到困惑或疑難

問題時，他們總希望上司能像老師一樣耐心地幫助自己。但是，當他們真的去請教上司的時候，很少有上司能像老師那樣誨人不倦。於是，他們對上司失望甚至心懷不滿，因而覺得自己工作不幸福。

在現代職場上，上司的確有培養部下的責任，但他們不是全職老師。上司之所以是上司，部下之所以是部下，都是由他們所承擔的職責決定的，每一個人都有自己的本職工作。所以，作爲一個職場人，更應該知道的是自己在部門內處於一種什麼位置，以及上司對自己有什麼期待。你按照這種期待去工作，做好自己應做好的事，你就會得到上司的褒獎，從而讓你感受到自己存在的價值，這樣，你也就能從工作中尋找到幸福了。

沃爾瑪創始人山姆．沃爾頓說：「那些在第一線和顧客直接對話的人其實對情況最瞭解。」每一個員工都有自己的工作範圍，瞭解這個範圍，並積極思考有效的方案，而不是依賴於上司，這就是對工作的負責。

日本有一家麵館，每天一到中午用餐時間，要求午餐外送的電話就此起彼落，結果許多顧客都抱怨電話打不通。

於是，麵館老闆採取了增加電話線路的對策。但由於電話訂餐的人實在太多了，在短短的午餐時間內，根本無法如數做好顧客的餐點。

麵館的一位服務員發現，請求外送的餐飲中，陽春麵、乾麵、烏龍麵這三個品種就占了百分之八十五，而且，這些訂戶絕大多數是附近工廠或住宅區的人。於是，他建議老闆，每天午餐的時候，用餐車載著煮食的材料，到附近的工廠和住宅區上門服務。

當店裏接到要求外送的電話時，如果該客戶的住處、其所訂購的食物種類和餐車所擁有的條件符合，店裏就將顧客的資料通知餐車，請餐車負責處理，做到隨叫隨到。

這一招大獲成功。

上司也不是萬能的，把問題都推給上司的做法存在著很大的弊端，上司不可能對每項工作十分精通、專業，因此，提供的解決方案也不一定是最科學的。

經常聽到管理者們這樣說：「有一些員工，真不知道他們是怎麼回事，什麼事都幹不了，而且好像什麼事都不想幹。不管是大事小事，都要跑過來問：『老闆，您看這個怎麼搞定？老闆，您看那個怎麼處理？』好像我是萬能鑰匙，什麼都會似的！要是我一個人都能做，我何必花錢請人呢？有許多事我也不是很明白，就算明白，能處理，我也沒有那麼多的時間一件一件去考慮啊！」

其實，上司的身分和地位決定了他看問題也會有盲區、有局限，無法看到一些真實情況。任何上司，不管他多能幹，都需要員工真誠的幫助。

正如亞馬遜CEO貝佐斯所說：「員工不只是爲老闆工作的人，他們還應該是爲老闆提供建議的人。」不僅要出力，而且要出謀。因爲，每個員工都有自己的長處和優勢。

有一條規則被不斷驗證：那些積極工作，主動提出解決方案的員工，通常更具創造力。他們與公司共命運，具有強烈的主人意識，認爲公司的事就是自己分內的事，從不推諉，從不懈怠，總是不斷主動思索解決方案。

這樣的員工，其實就是不斷把自己放在上司的位置上去審視處理工作，從而使自己的思路和視角得到擴展與提升，他們將永遠走在公司的最前列。

「鋼鐵大王」安德魯·卡內基是美國工業化時代的傳奇人物。在他十八歲的時候，賓夕法尼亞州鐵路公司西部分局局長斯考特聘他去當私人電報員兼秘書。

一天清晨，卡內基收到一封緊急電報，其內容是附近鐵路上有一列火車車頭出軌，要求調度各班列車改換軌道，以免發生撞車事故。除斯考特外，其他任何人都沒有下達調度命令的權力，但由於當天是假日，卡內基怎麼也尋找不到這位上司。

時間一分一秒地過去，而一班載滿乘客的列車正駛向出事地點。卡內基固然可以把問題推給上司，也不用自己承擔什麼責任，但他卻認為自己不能坐視不管。於是，卡內基冒充上司下達了調度命令，一場傷亡慘劇也因此得以避免。

按規定，電報員擅自冒用上級名義發報將會被立即撤職。第二天，卡內基告訴斯考特這件事，斯考特卻拍拍他的肩頭說：

「記住，這個世界上有兩種人永遠原地踏步：一種是不肯聽命行事的人；另一種則是只聽命行事的人。幸好這兩種人你都不是。」

幾年後，卡內基被公司提名為運營總管。在賓夕法尼亞鐵路公司的十餘年裏，卡內基學會並實踐了鐵路管理的組織、報告、會計和控制的整套體制，逐步掌握了現代化大企業的管理技巧，擁有了數十萬美元的股票及其他財產，他就此開始創建自己的事業。

不把問題推給上司，體現的是一種積極主動的擔當精神。這樣的員工明白他的價值就是爲上司「解題」，而不是給上司「出題」。他們會時刻問自己：「我還能做什麼？」而不是問自己：「我還能推什麼？」正是這兩種不同的出發點，導致了不同的職場生涯——幸福，或者不幸福。

3 不能期待同事給你幸福

尋求知己，在情緒低落的時候獲得安慰，在有困難的時候獲得幫助，是人的一種正常的心理需求。正因爲知己難尋，才有了「人生難得一知己」的感慨。知己是人的另一半，但無論兩個人的脾性多麼相投，也是兩個個體，受兩個大腦支配，想法不可能總是完全相同。

所謂知己，是指兩個人毫不保留自己的心事，甚至將隱私也袒露給對方。但是，你一旦在對方的眼裏變得透明，沒有一點隱私，從某種意義上說，對方就完全控制了你，你必然會受對方牽制，並不自覺地依附於對方。

在生活中，如果沒有什麼大的利益衝突，這種潛在的危險往往表現不出來；但在職場這樣一個充滿了激烈競爭、追求最大物質利益的地方，你的那些隱私就會成爲對方的把柄，在顧及不到你的時候，對方就會捨你而取他了。

所以，同事之間應該「君子之交淡如水」，泛泛而交而不是真情投入，做一般朋友而不是知己。不要指望同事能給你幸福，相反，你要主動地給同事送去關心。同事情緒低落的時候，你給予安慰；同事生病的時候，你端上一杯熱水，並真誠地問候；同事有困難的時候，你要力所能及地給予幫助……但不可把你的心扉完全向同事敞開，將自己的隱私向對方傾訴。

阿光家境富裕，阿強家境貧寒。兩人是大學同學，現在成了同事，也漸漸成了知己。

因為讀大學，家裏為阿強借了許多債，他就悄悄找了一份兼職，幫一家小公司管理財務。阿光發現他下班後也忙得不可開交，追問之下，阿強就把自己做兼職的事情告訴了阿光。

公司每年都會選派一名優秀員工到一家著名的商學院培訓。根據選派條件，條件最好的阿光和阿強都被列進了候選人名單。阿光對阿強說：「要是我倆都能去該多好啊。」阿強說：「但願如此。」

最後，阿光脫穎而出，成為了公司那年唯一選派的培訓員工。阿強很失落，他非常想獲得這次培訓的機會，於是找老闆，請求也參加這次培訓。

老闆看了阿強一會兒，冷笑著說：「你太忙了，就免了吧。」

阿強急忙說：「我手頭上的工作，我會儘快完成的。」

老闆沉下臉來說：「那家小公司怎麼辦，誰給管理財務？」

阿強立即愣住了，他一時搞不明白老闆是怎麼知道他兼職的事的。他本能地辯解說：「我兼職是有原因的，這並沒有影響我在公司的工作……」

老闆打斷阿強的話說：「好了，你忙你的去吧，我還有事。」接著就衝阿強擺了擺手。阿強只好灰溜溜地離開。

「你太忙了。」阿強沒想到這句話會成為阻止他培訓的理由。可老闆是怎麼知道自己兼職的事情的呢？這件事，那家小公司是絕對保密的，他也只告訴過阿光一個人。阿強越想越心酸，他沒想到知己會出賣自己。

阿強沒想到，他把阿光當好朋友，說些知心話，到頭來卻是這樣的結果。但發生這樣的事情，也有阿強自己的原因。的確，在職場上，跟同事說說工作上的事情，開開無傷大雅的玩笑就算了，萬不可透露太多的隱私和內心的真實想法，這樣很容易傷到自己。此外，與同事過於親密，還會引起老闆的敵視。為什麼這麼說呢？

有的員工喜歡結交朋友，或者本身有一定的吸引力，身邊總是團結著幾個同事。這樣，如果在單位裏表現得過於親密，就會被老闆察覺，並引起老闆的敵視。這樣做，一是有拉幫結派的嫌疑。在老闆眼裏，員工應該彼此保持獨立，這樣他比較容易管理。如果你身邊老是群眾著幾個同事，這是老闆最忌諱的。即使你沒有拉幫結派的意思，老闆也會認為你是在拉幫結派，有跟他對抗的企圖。

另外也有集體離開公司的嫌疑。幾個同事一起跳槽，或者合夥開公司，讓原來部門的工作頓時陷入半停頓狀態，是老闆最不希望發生的。你與身邊的同事過於親密，敏感的老闆就會猜疑你們是不是會有什麼小動作。雖然你們根本不曾談論這些問題，但多疑的老闆一旦相信自己的判斷，就會防患於未然，提前採取措施。

那麼，該如何恰當地與同事保持這個距離呢？下面來告訴大家避免同事之間過於親密的幾種方法：

第一，共同消費時採取各自付費制。

第二，辦公室戀情要不得。

第三，把隱私深埋在心底。

第四，不要意氣用事。

人與人之間，本就需要適當的距離，更何況是經常會有利益衝突的同事呢？因此，跟同事切忌親密無間，否則不是傷人就是傷己。

不抱怨——為自己的幸福而工作

有時候我們認爲工作就是一種折磨，常常對其抱怨不已。可是，當我們放下心中的包袱，打開自己的心扉，積極地對待手中的事情時，我們才發現，原來工作並非全是苦難，當我們細心品味的時候，就能發現它其實是一種幸福的特殊體驗。當我們通過工作，實現了自己的夢想，得到了精神上的喜悅時，我們就會想對曾經抱怨的磨難說聲「謝謝」了。

1 工作是幸福的特殊體驗——發掘並享受工作中的樂趣

明人陸紹珩說，一個人生活在世上，要敢於「放開眼」，而不向人間「浪皺眉」。「放開眼」和「浪皺眉」就是對人生兩面的選擇。你選擇正面，你就能樂觀自信地舒展眉頭，面對一切；你選擇背面，你就只能是眉頭緊鎖，鬱鬱寡歡，最終成爲人生的失敗者。

在工作中，不同的心境也會帶來不同的效果。如果是帶著怨氣工作，則會覺得事事不順心，從而導致對工作失去應有的熱情，最終將一事無成；如果是用樂觀的心態對待工作，在工作中尋找樂趣，那麼你將越來越熱愛自己的工作。

有位清潔員，在一家飯店工作了幾年了，一直在洗手間做清潔工作。洗手間總是被她打掃得乾乾淨淨，客人從洗手間出來，她都會微笑著送上乾手巾。

客人們對她的服務交口稱讚，有的客人勸她換份工作，她卻說：「我為什麼要換工作呢？我的工作就是最好的，看到客人們認可我的工作，這就是我最大的幸福了，我又何必換工作呢？」

這位清潔員用高尚的態度使自己的工作變得有意義了起來。

如果一個人輕視自己的工作，那麼他就會將工作做得一團糟；如果一個人認為他的工作辛苦、煩悶，那麼他也絕不會做好工作，在這一工作崗位上也無法發揮自己的特長。

其實任何一種工作都有它存在的價值，工作本沒有高低貴賤之分，重要的是我們能否保持一種「放開眼」的態度。

很多時候，工作中之所以會出現問題，其癥結就在於我們的工作態度出了問題。世界並不完美，但是心態可以完美。以積極的心態去面對工作，我們會豁然發現其中的轉機。

我們要實現人生的宏偉目標，就應當時刻保持積極的心態。《喚起心中的巨人》一書的作者安東尼．羅賓說：「眾所周知，除了少數天才，大多數人的稟賦都相差無幾。那麼，是什麼在造就我們、改變我們？是『態度』！」

在工作中，一味抱怨自己的境況如何惡劣，最終只會讓自己的處境更加惡劣。我們如果能轉換一種思維，將抱怨化爲感恩，就會有一個截然不同的嶄新世界展現在你眼前。

當你努力工作，發掘並享受工作中的樂趣時，你會發現自己的工作是那麼有意義。

鋼鐵大王卡內基有一個十分精闢的見解，他認爲：「如果一個人對工作缺乏正確的認識，只是為了薪水而工作，很可能既賺不到錢，也找不到人生的樂趣。」

不論你所選擇的事業能夠為你帶來多少財富，只要你全身心地投入，發掘並享受其中的樂趣，那麼，你總有一天能夠創造出嶄新的局面，工作的時候也會感到充實幸福。

2 點亮你的「心燈」——積極的期盼讓你收穫幸福

幸福的開關，不在於你擁有很多東西，而在於你是否能打開心燈的開關，做出積極的期盼。如果你的心沒有期盼，即使你自認為高尚，你也依舊是凡夫俗子；如果你的心有所期盼，即使你是一般的人，你的內在也有很高的境界。

德山禪師在尚未得道之時曾跟著龍潭大師學習，日復一日地誦經苦讀讓德山有些忍受不住。

有一天，他跑來問師父：「我就是師父翼下正在孵化的一隻小雞，真希望師父能從外面儘快地啄破蛋殼，讓我早一天破殼而出！」

龍潭笑著說：「被別人剝開蛋殼而出來的小雞，沒有一個能活下來的。母雞的羽翼只能提供讓小雞成熟和有破殼力量的環境，你突破不了自我，最後只能胎死腹中。不要指望師父能給你什麼幫助。」

德山聽後，滿臉迷惑，還想開口說些什麼，龍潭說：「天不早了，你該回去休息了。」

德山往外走，看到外面很黑，就說：「師父，天太黑了。」龍潭便給了他一支點燃的蠟燭，他剛接過來，龍潭就把蠟燭吹滅了，並對德山說：「如果你心頭一片黑暗，那麼，什麼樣的蠟燭都無法將其照亮。即使我不把蠟燭吹滅，說不定哪陣風也要將其吹滅。只有點亮心燈一盞，天地才能一片光明。」

在職場上也是如此，想要有光明的前途，就必須努力點亮心燈，在自己的工作崗位上閃光。

美國商界名人約翰·洛克菲勒曾對工作做過這樣的注解：「工作是一個施展自己才能的舞臺。我們寒窗苦讀來的知識、應變力、決斷力、適應力以及協調能力都將在這樣的一個舞臺上得到展示。」

積極的期待具有一種能量，它能改變一個人的行爲。別人或者企業上級對我們的期待，都是外在的動力；最根本的是我們要提升對自己的期待，這才是促使我們不斷發展的最根本動力。

工作中，心懷期待、不計較得失的心態是非常重要的。無論面對成功還是失敗，都必須保持一種健康的心態，保持一顆積極期盼的心。

內心期待什麼就能做成什麼，我們對自己的期待決定了我們成長的高度。一個對自己持有較高期待的人才能夠腳踏實地做好眼前的工作，才能夠在工作中不斷提升自己，成爲帶動企業不斷向前發展的關鍵力量。

無論職位多麼低微，只要對自己心懷期待，最終就一定可以在企業中成爲有價値的員工。美國詩人兼哲學家愛默生說：「每個人都是一個英雄，是派遣給某個人的天使。不管他對這個人說什麼，都是很有分量的。」如果你渴望得到成功，就要對自己心懷期待，使自己逐漸成長爲一個優秀的員工。

稻盛和夫認爲：「人生中的遭遇全部是自己內心吸引來的。其人生低谷與高峰、幸福與不幸，也是由內心呼喚而至的。」

稻盛和夫的「積極心相」理論，對於我們的人生和工作都有著重要的啓示。一個積極的人，頭腦中充滿了積極的想法，時時都能做出積極的行動，必然能夠改變環境，帶動周圍的人一起積極起來。在工作中，一個時刻保持積極心態的人往往能夠成爲公司的激情之源。

「勿以環境爲敵」同樣也是一位短跑運動員常說的話。無論在多麼惡劣的氣候之下，他總能夠表現得如沐春風，不畏懼颶風暴雨。他瞭解，風越大，技能、體力、精神的差距就越能體現在比賽中，他甚至認爲，強風下的賽跑是上帝賜予他勝利的良機。

要時刻保持積極心態，心理暗示是一個很好的辦法。心理暗示是我們日常生活中最常見的心理現象，它是人或環境以非常自然的方式向個體發出資訊，個體無意中接受這種資訊，從而做出相應的反應的一種心理現象。暗示有著不可抗拒和不可思議的巨大力量。無論什麼時候，你若始終保持積極暗示，給自己鼓勵，最終你會發現，你真的成了當初想要成爲的那種人。

積極的自我暗示能讓我們用一些更積極的思想來替代我們過去陳舊的、否定性的思維模式，這是一種強有力的技巧，一種能在短時間內改變我們對生活的態度和期望的技巧。

3 對擁有的工作感恩惜福，讓你成為「幸福發光體」

生活中，存在著一種無形的力量，那便是個人的氣場。氣場能顯示出一個人的整體身心靈狀態，即包括健康、心理及心靈修爲等。它不同於能力，能讓其他人在短期的實踐中感覺到；更不同於智力，大家可以評估出來。氣場時時刻刻影響著我們，並且給予對方一種莫名其妙的力量，甚至可以影響身邊的人終生。

一次，美國前總統羅斯福家被盜，被偷去了許多東西。一位朋友聞訊後，忙寫信安慰他，勸他不必太在意。

羅斯福給朋友寫了一封回信：「親愛的朋友，謝謝你來信安慰我，我現在很平安。感謝上帝：因為第一，賊偷去的是我的東西，而沒有傷害我的生命；第二，賊只偷去我部分東西，而不是全部；第三，最值得慶幸的是，做賊的是他，而不是我。」

對任何一個人來說，遭竊絕對是不幸的事，而羅斯福卻找出了三條理由，用感恩的態度安慰自己、安慰朋友。像羅斯福這樣懷著感恩心態的人，不僅使自己活在快樂的氛圍中，還會對周圍產生積極的影響力，時時刻刻讓周圍的人生活在輕鬆積極的狀態下，並且給予對方能量，甚至可以與他們共同走向成功。

每個人都有自己吸引別人的地方，例如眼睛、談吐、衣著、身段、修養和性格等。但感恩的心態，絕對會讓你成爲公司中獨一無二的「發光體」。感恩傳遞的積極資訊，會深入到他人的內心，爲你贏得獨特的吸引力。

美國第一心靈勵志大師菲爾博士也認爲「氣場決定命運」。這些心懷感恩的人，就像是一個個活的能量場，通過思想和行爲資訊的傳播，吸引著周圍具有成功素質的人士。這就像是默默形成的一種「氣場法則」，將富有主見、閱歷豐富的人聚集在一起。

其實，綜觀這些最具有魅力的人的特點，你可以發現，他們絕大多數都是懂得感恩的人。也就是說，身懷一顆感恩之心，是這些人的特質，也是他們產生吸引力的原因之一。

感恩是人們源於愛的一種情緒，而愛在人群中最能引起人們氣場的共鳴，它能帶來正面的心態，化解他人的負面情緒。所以，它能吸引更多的人。相反，如果一個人沒有感恩之心，一切發出的思想和感覺都是負面的，自然無法吸引別人。

每個有感恩之心的人，都懂得要對自己的言行負責，把握自己的行爲，做自我的主宰。這一過程中，折射出來的就是一種巨大的人格魅力。這些人距離我們並不遙遠，他們可能就在你的身邊，而且你很容易就能發現，他們在公司是那樣的備受喜愛。被所有同事所青睞的他們，能爲自己和身邊的人帶來和諧的音符，爲同事帶來無私的幫助，給公司做出諸多的貢獻。因此，無論是老闆還是同事，都喜歡懂得感恩的人。

每天抽出一點時間，爲自己的工作而感恩，真誠地爲身邊的每一個人祝福，這樣會增強你的個人魅力，讓你擁有神奇的力量，使你在人群中出類拔萃。

讓我們多一點感恩，多一點氣場。因爲感恩不僅會讓我們會做人，也更會做事。而神奇的「氣場」法則將會使感恩和陽光成爲生活中不可缺少的部分，讓你成爲擁有強大的人脈網路的企業「紅人」！所以，我們應讓感恩之心永遠伴著自己。

對於員工而言，工作能給予你生活的保障，又能給予你工作的樂趣。唯有感恩，唯有懂得珍惜，我們才對得起這份生命中的恩賜。是工作給了你一切，你應該並且必須對工作、對企業、對提攜你的上司和關心你的同事抱一種感恩與珍惜的態度。

英國的卡爾．普蘭斯到南威爾士地區波斯考爾海邊度假勝地度假時，與母親、一個弟弟和三個姐妹購買了一張彩票，幸運地中了六百九十萬英鎊的大獎。

暴富後，普蘭斯和妻子吉莉恩把他倆位於威爾士首府加的夫的一套住房送給了十九歲的女兒莎拉，並為兩個兒子還清了住房抵押貸款。

普蘭斯自己也辭去了在鐵路企業的火車司機工作，在「福地」波斯考爾海邊的度假勝地買下了一處價格六點四萬英鎊的住房，實現了兒時夢想。之後，他開始出國度假旅行。

可是一段時間後，普蘭斯卻意識到自己是那麼懷念以前的工作。

「中獎後，我去了國外度假，但我不能忍受自己下半輩子都做這個。」普蘭斯說，「我們去過希臘、大加那利島、特內里費和西班牙，但我卻渴望回到工作崗位。」

「一些人可能認為我有這麼多錢，完全可以放棄工作，但火車已經融入了我的血液，」普蘭斯說，「我父親和祖父都在鐵路上幹了一輩子，我不能把餘生花在度假上。」

最終普蘭斯回到了鐵路公司。做回了每天清晨五點起床、週薪六百英鎊的薪水族。

即使再富有，普蘭斯也無法捨棄工作。生命之中能讓一個人感覺到最牽掛、最留戀、最不捨、最珍貴的就是工作，每個人都大抵如此。正如鐵路公司發言人所說，一旦工作融入血液，每個人都甘願留在正確的軌道上，甘願工作。

有人總認爲自己的工作不夠好，那是因爲他們對自己的工作從未懷有感恩之心。倘若我們對自己所擁有的工作知足惜福，對自己的工作心存感恩，我們的世界將會充滿更多的陽光。

只有珍愛自己的工作，才能努力工作，才能永遠保持一種主動的工作態度，爲自己的行爲負責，即使是最平凡的工作也會變得意義非凡；反之，人們會馬上陷入一種糟糕的境地，對許多客觀存在的現象日益挑剔和不滿。

曾經有位老師告誡即將走上職場的學生：「假如第一份工作就有很好的薪水，那算你的運氣好，要努力工作以感恩惜福；萬一薪水不理想，就要懂得在工作中磨煉自己。」

無論我們取得了多大的成就，身處什麼樣的地位，都應該珍愛自己的工作。

幾乎在每一個公司裏，都有「抱怨族」。沒有人喜歡和一個滿腹牢騷的人相處。再說，太多的牢騷只能證明你缺乏能力，無法解決問題，才會將一切不順利歸於種種客觀因素。

消除抱怨，關鍵是轉變態度。無論遭遇什麼樣的環境、什麼樣的問題，都必須學會從自己身上尋找原因，抱怨沒有任何意義。細心觀察你就會發現，那些沉得住氣、抱怨更少、自我反省更深刻的人總是能比其他人更快速有效地解決問題。而且問題對於這些人來說，不僅不是阻礙和累贅，還是通往成功的基石。

一位心理學家為了實地瞭解人們對於同一件事情在心理上所反映出來的個體差異，來到了一所正在建築中的大教堂，並對現場忙碌的敲石工人進行訪問。

心理學家問他遇到的第一位工人：「請問你在做什麼？」

工人沒好氣地回答：「在做什麼？我正在用這個重得要命的鐵錘，來敲碎這些該死的石頭。」

心理學家又找到第二位工人：「請問你在做什麼？」

第二位工人無奈地答道：「若不是為了一家人的溫飽，誰願意幹這份敲石頭的粗活？」

心理學家問第三位工人：「請問你在做什麼？」

第三位工人眼光中閃爍著喜悅的神采：「我正參與興建這座雄偉華麗的大教堂。落成之後，這裏可以容納許多人來做禮拜。雖然敲石頭的工作並不輕鬆，但當我想到，將來會有無數的人來到這兒，再次接受上帝的愛時，心中便會為這份工作獻上感恩。」

同樣的工作，同樣的環境，因爲截然不同的態度，所產生的工作效能與狀態也是截然不同。

第一位工人，可以設想，在不久的將來，他很可能會被工作拋棄；

第二位工人，是沒有感恩心的人，無法成爲企業可依靠和老闆可依賴的員工；

第三位工人完美地體現了感恩的工作哲學：他們比別人更懂得自動自發地感恩工作，視工作爲快樂。他們努力工作，工作也帶給了他們足夠的榮譽，他們就是企業想要的那種員工。

工作就好比是在栽種一棵蘋果樹，我們每天爲它剪枝、修葉、澆水，等到秋天，我們在品嘗著酸甜的蘋果時，應當去感恩那棵樹，而非去感恩我們的辛勞，因爲是樹給了我們收穫果實的機會。如果沒有蘋果樹，我們就是想去澆水也無處可澆，何談去吃什麼蘋果呢？

一位優秀的公司職員曾說：「是一種感恩的心情改變了我的人生。當我清楚地意識到我無權要求別人時，我對周圍的點滴關懷都抱有強烈的感恩之情。我竭力回報他們，竭力讓他們快樂。結果，我不僅工作得更加愉快，所獲的幫助更多，工作也更出色了。我很快便獲得了公司加薪升職的機會。」

如果你能每天抱著一顆感恩的心去工作，在工作中始終牢記「擁有一份工作，就要懂得感恩」的道理，你一定會成爲幸福的員工。

延伸閱讀：釋放工作壓力

（1）運用言語和想像放鬆——通過想像，訓練思維「神遊」，如「藍天白雲下，我坐在平坦綠茵的草地上」、「我舒適地泡在浴缸裏，聽著優美的輕音樂」等，在短時間內放鬆、休息，恢復精力，讓自己的精神小憩一會兒，你會覺得安詳、寧靜與平和。

（2）肢解法——請你把生活中的壓力羅列出來，一、二、三、四……寫出來以後，你就會驚人地發現，只要你「個個擊破」，這些所謂的壓力，便可以逐漸化解。

（3）想哭就哭——醫學心理學家認為，哭能緩解壓力。心理學家曾給一些成年人測驗血壓，然後按正常血壓和高血壓編成兩組，分別詢問他們是否哭泣過。結果百分之八十七血壓正常的人都說他們偶爾有過哭泣，而那些高血壓患者卻大多數回答說從不流淚。由此看來，將人類情感抒發出來要比深深埋在心裏有益得多。

（4）一讀解千愁——在書的世界裏遨遊時，一切憂愁悲傷都會被拋諸腦後，煙消雲散。讀書可以使一個人在潛移默化中逐漸變得心胸開闊、氣量豁達、不懼壓力。

（5）擁抱大樹——在澳大利亞的一些公園裏，每天早晨都會看到不少人擁抱大樹，這是他們用來減輕心理壓力的一種方法。據稱，擁抱大樹可以釋放體內的快樂激素，令人精神爽朗；而與之對立的腎上腺素，即壓抑激素則會消失。

（6）運動消氣——法國出現了一種新興的行業：運動消氣中心。中心有專業教練指導，教人們如何大喊大叫、扭毛巾、打枕頭、捶沙發等，做一種運動量頗大的「減壓消氣操」。在這些運動中心，上下左右皆鋪滿了海綿，任人摸爬滾打、縱橫馳騁。

（7）聞嗅芳香精油——在歐洲和日本風行一種芳香療法。特別是有些女孩子十分陶醉於這些由花草或植物提煉出的精油。原來，精油能通過嗅覺神經，刺激或平復人類大腦邊緣系統的神經細胞，對舒緩神經緊張、心理壓力很有效果。

（9）吃零食——吃零食的目的並不僅僅是為了滿足口腹之欲，它還可以緩解緊張的情緒和內心的衝突。

（10）穿上舒服的舊衣服——穿上平時心愛的舊衣服，你的心理壓力會在不知不覺地減輕。因為舊衣服會使人回憶起某一特定時空的感受，並深深地沉浸在對過去如夢般的生活的眷戀中，人的情緒也為之高漲起來。

（11）養寵物——一項心理學試驗顯示，當精神緊張的人在觀賞自養的金魚或熱帶魚在魚缸中姿勢優雅地翩翩起舞時，往往會無意識地進入「寵辱皆忘」的境界，心中的壓力也會大為減輕。

第六課

最實惠的解讀
——增加幸福的籌碼

「首先，要關注自己的優點。其二，肢體上的運動也很重要。其三，多思考。」

——泰勒・本・沙哈爾

為什麼有的人幸福，有的人不幸福？這是一個複雜的問題。總體說來，鑒別對幸福有貢獻的因素不是一件容易的事，有很多因素決定著我們是否幸福。

那麼，面對那些導致不幸福的種種原因，我們應該怎樣增加幸福？

學點經濟學
——在經濟的思維中實現幸福

有首打油詩這樣寫道：「他人開寶馬，我獨騎單車。回顧拉車人，頓覺好一些。」騎單車的人，看到有人開著寶馬名車從身邊威風而過，心裏很不是滋味，但當他回頭看到身後還有拉車賣煤球的人時，心裏頓時就會覺得豁然開朗。

顯然，通過比較優勢，個體的幸福感得到了極大滿足，這就是經濟學中蘊涵的奧秘——幸福的感覺可以從比較中獲得。

九十四歲的經濟學家弗里德曼，有一次讓人幫他修剪草坪。弗里德曼覺得以普通方式來修剪草坪過於單調，於是特意吩咐工人要在草坪上剪出「MV=PY」的貨幣數量論公式。

第二天，鄰居看到了草坪上的圖案，跑來問弗里德曼：「這些古怪的圖案是不是外星人留下來的？」

弗里德曼樂得哈哈大笑：「的確是來了外星人，你看，外星人都認爲貨幣數量論是正確的。」

弗里德曼生活在快樂的世界中，他瞭解生活的本質，能抓住幸福的真諦，所以始終生活在快樂之中。幸福、快樂的人，才能長壽。

交換意味著市場的開放，開放的市場才能帶來國家的發展。

雖然世界各國間的文化都存在著差異，經濟發展也沒有固定模式，但是免受饑餓、疾病及災難的困擾是人類共同的願望。然而，僅靠良好的願望並不能消除饑餓和疾病。經濟發展的最佳路徑都有其客觀規律，它不會按照人們的一廂情願去運行。而經濟學就是一門研究經濟發展客觀規律的科學，它更是一門研究如何使人類幸福的學問。

1 生活品質意義上的幸福感研究

心理學家對幸福的考察表現爲三個不同的取向：生活品質意義上的幸福、心理健康意義上的幸福以及自我價值感的認定。這三個方面雖有交叉，但從不同的維度對幸福的定義進行了確定，能夠很好地幫助我們認知幸福到底是什麼。

生活品質意義上的幸福感研究者，一般將幸福感界定為人們依據自己對生活物質的渴求標準來對幸福進行評定。在他們看來，一個人是否幸福，關鍵在於他對自己的生活是否滿意以及滿意的程度如何。這種觀點的產生是受了經濟學家關於生活品質考察的影響。

自二十世紀五〇年代以來，以美國為代表的西方發達國家的經濟得到了迅猛發展，人們的物質需求得到了極大滿足。然而，在人們享受豐富物質的同時，心理體驗的負面問題卻突顯了出來。

為此，經濟學家提出了「生活品質」的概念，強調無形的精神生活水準對人們生活的影響。心理學研究者在此基礎上提出了採用幸福感作為反映生活品質的指標，由此而發展出了生活品質意義上的幸福感研究。

生活品質意義上的幸福感研究取向於生活滿意度，認為人們獲得幸福的關鍵在於物質的滿足程度。這不禁讓人想起一則經典故事。

有一天，富人碰到窮人，問：「你知道什麼是幸福嗎？」

窮人對自己的生活很知足，回答說：「我現在的生活就很幸福。」

富人不以為然，望著窮人漏風的茅舍、破舊的衣著，說：「我的生活才是真正的幸福，豪宅百間，奴僕千名，錦衣玉食，榮華富貴。你現在的生活窮困潦倒，怎能稱為幸福呢？」

誰知好景不長，沒過幾日，一場大火把富人的百間豪宅燒得片瓦不留，奴僕們各奔東西。一夜之間，富人淪為乞丐。他路過窮人的茅舍，想討口水喝。

窮人端來一大碗清涼的水，問：「你現在認為什麼是幸福？」

富人眼巴巴地說：「幸福就是此刻口渴時有這碗水。」

在這個故事中，富人從始至終都是物質主義者。從當初的豪宅、奴僕到後來的一碗清水，他一直在用物質的富裕程度來評價幸福的程度。如果他有幸研習心理學，那必定是個生活品質意義上的幸福研究者。

與富人相反，那個窮人擺脫了對物質生活的迷戀和膜拜，認爲物質只是生活必備的基礎，幸福來自於自己心靈上的感知，他是個典型的心理健康意義上的幸福感研究者。

心理是幸福感研究的另一個重要取向，這個取向與積極心理學的發展密切相關。瞭解心理學發展歷史的人都知道，自誕生之日起，心理學在社會生活中產生影響的最重要方面，莫過於心理診斷與心理治療。這使得很多人對心理學產生了很大偏見，認爲心理學所關注的重點是非正常人的心理與行為和正常人不健康的心理與行為，而對正常人如何適應和應付生活、如何獲得人生幸福關注不夠。

應該說，積極心理學的發展為心理學正了名，或者說延伸了心理學的研究範圍，使心理學能夠在正常生活的基礎上幫助人們更好地適應與應對生活。積極心理學研究者的努力，被稱為心理健康意義上的幸福感研究。這項研究有一個重要假定：一個人是否幸福，首先在於其是否擁有健康的心理，而心理健康的重要標誌之一是能否獲得情感上的平衡。

因此，如果一個人所體驗的正向情緒（比如快樂）比負向情緒（比如痛苦）多，那他就會感到更幸福。也就是說，幸福感在很大程度上取決於人們在特定條件下所體驗到的正向情緒。

以下影響你能否體驗到幸福感的幾點因素是十分獨特而重要的：

第一，心理參照系。就社會層面而言，其成員的幸福感將受到他們心理參照系的重大影響。例如，在一個封閉社會中，由於缺乏與其他社會之間的比照，儘管這個社會的物質發展水準不高，但由於心理守常和習慣定勢的作用，其成員便可能知足常樂，表現出不低的幸福感；而一個處在開放之初的社會，面對外來發達社會的各種衝擊，開始了外在參照，其成員的幸福感便可能會呈現下降之勢，因為此時他們原有的自尊受到了創傷。

第二，成就動機程度。人們的成就需要決定他們的成就動機程度，成就動機程度又決定其預期抱負目標，其中人們對於自身成就的意識水準是一個重要環節。因爲如果人們意識到的自身成就水準高於他們的預期抱負目標，便會產生強烈的幸福感；反之，則不會有幸福感可言。

第三，本體安全感。它指的是，個人對於自我認同的連續性、對於生活在其中的社會環境表現出的信心。這種源自人和物的可靠感，對於形成個體的信任感是極其重要的，而對於外在世界的信任感，既是個體安全感的基礎，也是個體抵禦焦慮並產生主觀幸福感的基礎。因此，人的幸福感有時與其經濟狀況或收入水準之間不會呈現出簡單的正相關關係。在現實生活中，一些經濟狀況不佳的人，其幸福感未必低，而有些百萬富翁卻整日憂心忡忡。

通過人們自我價值感的認定來研究幸福感，自我決定理論是其重要的理論研究基礎。自我決定理論是由美國心理學家Edward L.Deci和Richard M.Ryan等人在二十世紀八〇年代提出的。該理論是一種關於人類自我決定行爲的動機過程理論，認爲人是積極的有機體，具有先天的心理成長和發展潛能。

自我決定就是一種關於經驗選擇的潛能，是在充分認識個人需要和環境資訊的基礎上，個體對行動所作出的自由選擇。自我決定的潛能可以引導人們從事感興趣的、有益於能力發展的活動。按照自我決定理論的解釋，人們能否體驗到幸福，取決於那些與人們的自我實現需要密切相關的基本需要的滿足情況。因此，幸福感更多地表現爲一種價值感，它從深層次體現了人們對人生目的與價值的追問。

2 幸福邊際效用遞減——要想更幸福，必須增加效用或降低欲望

作爲英國頂尖的經濟學家之一，理查．萊亞德曾經是英國前首相布雷爾的顧問團成員，自二〇〇〇年起還擔任了英國上議院議員，宣導「幸福治療國家」，被譽爲英國的「首席幸福經濟學家」。他在二〇〇五年出版的英文版《不幸福的經濟學》中，對「經濟學對幸福的漠視」提出了嚴厲批評。他堅持認爲，幸福無疑是社會唯一值得努力的目標，我們必須考慮現代文明如何讓我們不幸福、即使有錢爲什麼還不幸福、要ＧＤＰ還是要幸福等一系列問題。

與理查．萊亞德的研究領域接近的專家還有普林斯頓大學的心理學教授卡尼曼。二〇〇二年，卡尼曼和喬治．梅森大學的史密斯共同獲得了諾貝爾經濟學獎。卡尼曼教授及合作者塔夫斯基的研究成果從很多方面證實了傳統經濟學的一些基礎理論存在的錯誤。他們的新經濟學涉及財富和廣義的幸福。他們認爲，人們應該關心如何提高幸福本身，因爲人們最終追求的是生活幸福，而不是有更多的金錢；不是最大化的財富，而是最大化的幸福。

肖伯納說：「經濟學是一門使人幸福的藝術。」經濟學家們的一切努力其實都應該是爲了讓幸福最大化，儘管很多經濟學家把關注的目光放在了物質財富的增長上，但還是有人天才般地將經濟學中的幸福精確地簡化爲了效用，比如美國經濟學家薩繆爾森。

薩繆爾森曾經給出了一個幸福方程式：幸福＝效用／欲望。這個公式告訴我們，幸福程度與效用成正比，與欲望成反比。

如果效用作爲一種實體存在，在一定時空中，它總可以認爲是一個既定的量或是一個既定範疇裏的變數，如時間對於一個人而言只能從零歲到死亡等。而作爲分母的欲望則不同，它作爲一個帶有一些虛空特色的變數，其變動範疇要寬泛得多：當欲望不斷擴張，用數學語言來說，就是當欲望趨於無窮大時，幸福就趨於零，也就是說，無窮欲望者是沒有幸福可言的；而當欲望無限變小，不斷趨近於零時，其結果顯然是沒有意義的，也就是說，當一個人失去了欲望，幸福對他來說也是不存在的。

如果把效用看作一種心理感覺，欲望得到滿足就是效用，那麼，效用要消費物品或勞務才能得到，而要消費物品與勞務，就要有收入。從這種觀點出發，沒錢絕對不幸福，但有錢也並不一定幸福。

有些經濟學家認爲，在人的幸福中，由金錢帶來的幸福僅僅占百分之二十，甚至更少。對低收入者而言，金錢與幸福的關係更爲密切；但對於高收入者，金錢與幸福的關係則要淡得多。

薩繆爾森的幸福方程式為我們指出了獲得幸福的途徑：要想更幸福，必須增加效用，或降低欲望。經濟學認為「天下沒有免費的午餐」，增加效用需要增加收入，這也是學校老師忙著兼職代課、白領忙著兼職的原因；但是，經濟學又告訴我們，凡事都有邊際，邊際效用時時存在，在增加收入的過程中，要做到適可而止、恰到好處。如果我們過度追求財富而失去了閒暇時間，有可能收穫的不是幸福而是痛苦。

相比增加效用，通過控制欲望獲得幸福更為簡單。

馬斯洛需求層次理論

幸福的產生是建立在欲望的基礎上的，如果一個人沒有欲望，那他就不可能獲得幸福。欲望，從某種意義上來說就是需求。換句話說，幸福產生的基礎必然是需求的滿足。談到需求，就繞不開馬斯洛需求層次理論。

馬斯洛理論把需求分成生理需求、安全需求、社交需求、尊重需求、自我實現需求五類，依次由較低層次到較高層次排列。各層次需要的基本含義如下：

(1)生理上的需要。這是人類維持生命運行的最基本要求，包括對以下事物的需求：呼吸、水、食物、睡眠、生理平衡、分泌、性等。如果這些需要（**除性以外**）有任何一項得不到滿足，個人的生理機能的正常運轉就會遭到破壞。換言之，人類的生命就會因此而死亡。從這個意義上來說，生理需要是推動人們各種行爲最原始的動力。

(2)安全上的需要。這類需要包含以下幾個方面的要求：人身安全、健康保障、資源所有性、財產所有性、道德保障、工作職位保障、家庭安全等。馬斯洛認爲，人的身體機制是一個追求安全的機制，人的感受器官、效應器官、智慧和其他能量主要是尋求安全的工具，甚至可以把科學和人生觀都看成是滿足安全需要的一部分。

(3)情感和歸屬的需要，即社交需求。這類需要包含的要求有：友情、愛情、性親密等。每個人都希望得到別人的關心和照顧。感情上的需要比生理上的需要更爲細膩，不同的人有著不同的情感需要，它和一個人的生理特性、經歷、教育、宗教信仰等有關係。

(4)尊重的需要。該層次包括：自我尊重、信心、成就、對他人尊重、被他人尊重等。尊重的需要可分爲兩部分：內部尊重和外部尊重。內部尊重是指一個人希望在各種不同情境中有實力、能勝任、充滿信心、能獨立自主、有人的自尊；外部尊重是指一個人希望有地位、有威信，能受到別人的尊重、信賴和高度評價。

(5)自我實現的需要。該層次包括：道德、創造力、自覺性、問題解決能力、公正度、接受現實能力等。這是最高層次的需要，它是指實現個人理想、目標，發揮個人潛能到最大程度，以達到自我實現的境界。

馬斯洛認爲，前三種需要都屬於低一級的需要，尊重的需要、自我實現的需要屬於高層次的需要。一般來說，只有在較低層次的需求得到滿足，較高層次的需求才會有足夠的活力驅動行爲。

在追求各種需求滿足的過程中，人們會產生不滿足感和滿足感：需求獲得了供給，就會產生滿足感；否則，就會有不滿足或者不如意的感覺產生。滿足感是人們獲得幸福的第一要素，也就是說，幸福基本定義的第一個維度是滿足感。許多人因爲滿足而幸福，比如某教師期望獲得加薪，結果事如他願，在得知這個消息的當晚，他會覺得很幸福。根據人類的生活經驗，只要某種需求得到了滿足，人就會產生幸福感。

幸福基本定義的第二個維度是快樂感。快樂不等同於幸福，但快樂可以促進幸福的產生。就快樂與幸福的關係與區別而言，快樂是感官的享受，而幸福是一種狀態；快樂易得，而幸福難求；幸福的人必能時常感受到快樂，不幸福的人也能偶爾感到快樂。許多事情都能爲人帶來快樂，比如有人因爲去釣魚而快樂一上午，有人因爲看一場ＮＢＡ球賽而快樂一天，有人因爲蜜月而快樂一個月，有人因爲孩子即將出生而快樂一年……

有些快樂很短暫，有些快樂則相對長久一些。快樂的人容易獲得幸福，而幸福的人容易品嘗到快樂的滋味。幸福在於擁有，快樂在於使用。花錢能買來快樂，卻不能買來幸福。有些人會爲了得到短暫的快樂，而破壞已擁有的幸福。當人們沒得到或失去幸福後，則會期望、懷念一種天長地久的幸福。

所以，珍惜幸福是一種智慧。當你得到了你想要的東西之後，要珍惜你擁有的，如果妄想得到更多而不珍惜所擁有的，就會因失去而痛苦。

幸福基本定義的第三個維度是價值感。

所謂價值感，就是一個人因對他人和社會產生價值而獲得的主觀感受。結合馬斯洛需求層次理論，產生價值感的需求主要集中在尊重的需要和自我實現的需要這兩種高級需要的範圍之內。價值感是幸福的最高表現，它是在滿足感和快樂感同時具備的基礎上，增加了個人價值的體現因素，比如獲得重大成就、產生重大經濟利益等，從而使個人獲得長久、持續、極其難得的幸福感。因價值感而獲得的幸福，是最爲珍貴的幸福。

情緒管理
——幸福直通車

幾千年以前，古希伯來的神秘學家曾說過：「人就是自己心裏想像的人物。」慕尼克大學的心理學家研究發現，要說服一個人徹底改變生活方式，單單擺事實講道理還不夠，「只有在腦海裏想像出具體場景，才可能發生行爲方式的變化。」的確，想像力可以改變心智模式，改變行爲方式，改變人的命運。

你不用東奔西走、四處祈求，你的心靈應有盡有，關鍵在於喚醒你心中沉睡的巨大潛能，而一切潛能都在你的精神之中。它可以化腐朽爲神奇，可以變絕境爲機遇。

1 積極的心態，是健康與幸福的重要源泉

麥考爾是美國小鎮「陽光島」上的一位中產階級。島上整日陽光燦爛、海水碧藍，麥考爾一家也一直在陽光下過著舒適的日子。但是，在麥考爾年近六十歲的時候，卻趕上了美國的經濟危機，致使人們手中的錢一再貶值。更慘的是，這時的麥考爾偏偏又得了一種據說必死無疑的怪病。

醫生如實地告訴麥考爾，他只能在這個世界上再活兩年，要他好好地珍惜生命，享受島上的陽光。

聽了這話的麥考爾，心理上自然受到了從未有過的沉重打擊，這等於宣布他的一切都完了。而這時迅猛異常的經濟危機又如風暴一樣刮上了小島，麥考爾家裏的錢眼看就要打水漂了，根本經不住這場危機大潮的折騰。

麥考爾經過幾天的認真考慮，做出了一個大膽的決定，即把家裏的錢全部投出去。他想買下兩棟房子，然後再將房子租出去。可是，當時所有的美國中產階級都是這樣計畫的，大家都將手裏的錢投向了房地產。結果事與願違，房子不但沒人租，還

要支付貸款按揭的開支。這對病中的麥考爾真是雪上加霜。

但他努力打起精神，決心用自己時日不多的餘生，為家人做一點貢獻。

在賣香水時，麥考爾對香水的配方很感興趣。想不到經他親自研製的一種香水竟然在當地一炮打響，非常暢銷。而那時他又在陽光島上發現了一種更純正的天然植物可以作為新的香水配方，這使他激動不已。

而這時與麥考爾患同一種病的人，已經死去了大半，麥考爾離醫生宣布的死亡日期也越來越近了，但他依然感覺良好。麥考爾想，一定是老天有眼，要讓他為人類配製出這種天然的新型香水後，再讓他去見上帝。可是，直到麥考爾的新型香水擺滿了全美的各大超市，他依然活著。那時，他已經多活了兩年的時間。

麥考爾搞不懂這是怎麼回事。當他再去醫院檢查時，醫生告訴他，他的病情正在好轉。這一點連醫生也感到驚奇。幾年之後，麥考爾的病症全部消失了。醫生和麥考爾都覺得，這是一種強大的精神力量支持的結果。正是這種前所未有的精神力量讓麥考爾脫胎換骨，活了下來。

麥考爾不但神奇地活了下來，還成為了那時美國最有名的香水大王「麥考爾香水」家族的總裁。

在他七十歲的時候，他還投資成立了一家出版社——精神出版社，專門出版論述精神類的書籍，以鼓舞人們更精神地活在這個世上，他希望人們能以精神的力量與人間的種種不幸和病痛作鬥爭。

其實，關於麥考爾康復且成爲巨富的秘方，直到今天人們還在探索其中的奧秘，那的確是一種巨大的精神力所創造出來的奇蹟。然而，爲什麼很多擁有巨大精神力的絕症患者不僅沒有創造出巨大的財富，而且也沒有戰勝病魔呢？麥考爾的經歷難道只是一種偶然的幸運嗎？

這裏的關鍵就在於，麥考爾真正做到了忘我。是他全身心地投入到研發香水並創辦生產香水的企業之中，使他全神貫注、全力以赴、渾然忘我，對於絕症的憂慮、對於死亡的恐懼，統統都被拋到了九霄雲外。於是，他身體本來就具有的，也是每個人身體所具有的自然治癒力源源不斷地被喚醒，將絕症化解得無影無蹤。

每個人都擁有一個高級的自我和一個低級的自我——一個是隨著年齡的增長而不斷成長的精神的自我，另一個是肉體的自我，後者只不過是明日黃花。高級的自我接收超級能量，充滿了進步的想法和靈感；而低級的自我則被認爲是原始的、空虛的。

高級的自我能爲我們爭取多於自己現在擁有和享受的潛能和力量；低級的自我認爲，我們只能像先人一樣生活和存在。高級的自我渴望自由，能幫助我們遠離身體的累贅、疼痛、殘缺和限制；低級的自我則認爲我們生來就必須承受這一切，必須忍受疾病、痛苦，經受我們面前的種種苦難。高級的自我希望擁有自己判斷是非的標準；低級的自我則認爲我們必須接受其他人按照通俗看法、傳統觀念、宗教信仰和偏見爲我們制訂的標準。

綜上所述，高級的自我與低級的自我最明顯的一個區別就在於，一個是積極地收著能量、開發著潛能，另一個則只會消極地接受現實。由此可見，高級的自我其實就是一種積極的心態。

人生因心態而改變，稻盛和夫的經歷就證明了這一法則。

年輕時，稻盛和夫做任何事情都不順利，常常事與願違，且屢屢落空。他常想，自己為什麼這麼不順利呢？自己是個多麼不幸的男人！似乎被蒼天遺棄了。

他發牢騷、不滿意、怨天尤人。在反覆遭遇挫折的人生中，他慢慢醒悟了過來，原來這一切都是因自己的心態而起。

最初的一個挫折是升學考試的失敗。之後不久，他又感染了結核病。當時，結核病是不治之症，而且他的兩位叔叔、一位嬸嬸都因結核病而死，他的家族被稱為「結核病家族」。

「我也吐血了，不久也會死嗎？」還很幼小的稻盛和夫經受著悲傷的折磨，被病魔與悲傷徹底擊垮了，無法支撐持續低燒的身體，只能臥病在床。

那時候，鄰居的阿姨可憐他，便把《生長之家》的創始人谷口雅春先生的《生命的真相》借給他閱讀。對即將進入中學的孩子來說，這本書的內容有點難，但是他一心想找點兒寄託，於是就一知半解地埋頭苦讀了下去。

「我們內心有個吸引災難的磁石。生病是因為有一顆吸引病症的羸弱的心。」讀到這一章節，他牢牢盯住了這句話。谷口先生使用了「心相」這個詞，來闡述人生中的遭遇全部是自己的內心吸引來的，生病也不例外。所有一切都是由心相投影到現實中來的。

生病由心相投影而至的說法有些殘酷，但對那時的稻盛和夫來說恰恰說準了。原來，患了結核病的叔叔來稻盛和夫的家中療養時，稻盛和夫非常害怕被傳染，總是捏著鼻子跑過叔叔睡覺的房間。而他的父親卻毫不猶豫地承擔起了看護的責任，他的哥哥也認為不會那麼容易被感染。總之，似乎只有稻盛和夫非常嫌棄親戚生病，總在回避。

似乎是遭到了上天的懲罰，稻盛和夫的父親和哥哥都沒有什麼問題，只有他被感染了。原來如此，他終於想通了，是他那顆逃避的心，那顆非常厭惡生病的羸弱的心吸引了病災。

原來心相就是現實，此時，少年的稻盛和夫對谷口先生的話深有感觸，也對自己的行為進行了反省，並發誓以後盡可能朝好的方面想。

成功學大師拿破崙．希爾說：「積極的心態，就是心靈的健康和營養。這樣的心靈，能吸引財富、成功、快樂和身體的健康。消極的心態，卻是心靈的疾病和垃圾。這樣的心靈，不僅排斥財富、成功、快樂和健康，甚至會奪走生活中已有的一切。」

爲什麼積極的心態，是健康與幸福的重要源泉？除了生活中隨處可見的事例可以證明外，近年來國外在精神藥理學上的發現也可以很好地解釋這個問題。醫學研究人員發現，人體會自行製造一種叫腦啡（endorphins）的天然體內鎮靜劑，由大腦分泌，在腦部和脊髓等特定的部位活動，能減輕痛感，過濾令人不快的刺激物，使人內心祥和安樂。臨床研究還發現，憂鬱症患者都嚴重缺乏腦啡。這項發現爲人們瞭解沮喪與喜樂的根源，帶來了重大突破。心態積極、樂觀向上的人體內很可能都充滿了這種天然鎮靜劑。

更重要的是，行爲研究也發現，保持積極的心態和樂觀的想法，可以刺激人體製造腦啡。相反，消極的心態和頹廢的思想則耗盡體內的腦啡，導致人心情沮喪；而由於心情沮喪，腦啡的分泌量會更加減少，於是消極的想法就會變得越來越嚴重。這就是惡性循環。

國外的科學家做過一個相關實驗。在演員身上貼附電極，插上動脈導管，然後要他們表演各種戲劇情節。當他們演出憤怒、沮喪和絕望的情緒時，腦啡的含量會隨之降低，但當劇情要求他們表演喜樂、有信心和正沉浸在愛情中時，腦啡的含量就會驟升。積極的心態能激發腦啡，腦啡又轉而激發樂觀和幸福的感覺，這些感覺反過來又會增強積極的心態，這樣，就形成了良性循環。

積極的心態能激發高昂的情緒，幫助我們忍受痛苦，克服抑鬱、恐懼，化緊張爲充沛的精力，並且凝聚堅忍不拔的力量，這就從生理學（精神藥理學）的角度解釋了爲什麼成功者都是心態積極者。

猶太裔心理學家弗蘭克在二戰期間曾被關進奧斯維辛集中營三年，身心遭受了極度摧殘，境遇極其悲慘。他的家人幾乎全部死於非命，而他自己也幾次險遭毒氣和其他殘殺。但他仍然不懈地客觀地觀察、研究著那些每日每時都可能面臨死亡的人們，包括他自己。後來，他據此寫成了《夜與霧》一書。

在囚徒生活中，他還發現了佛洛德的錯誤。作為該學派的繼承人，他反駁了自己的祖師爺。佛洛德認為：「人只有在健康的時候，心態和行為才會千差萬別；而當人們爭奪食物的時候，他們就露出了動物的本性，所以行為顯得幾乎無以區別。」而弗蘭克卻說：「在集中營中我所見到的人，完全與之相反。雖然所有的囚徒都被拋入了完全相同的環境，但有的人消沉頹廢，有的人卻如同聖人一般越站越高。」

有一天，當他赤身獨處囚室時，忽然領悟到了一種人類的終極自由，這種心靈的自由是納粹無論如何也永遠無法剝奪的。也就是說，他可以自行決定外界的刺激對本身的影響程度。因此，什麼樣的饑餓和拷打他都能忍受。

在任何環境中，人們都有一種最後的自由，就是心態的選擇。環境對人的影響程度，完全取決於自己；如何看待人生，也完全由自己決定，由我們的心態決定。

卡內基曾講過一個故事。

一個女人與自己的丈夫在一個沙漠軍事基地生活。她的丈夫奉命到沙漠裏演習，而她就整天待在基地的一個小鐵皮房子裏。

那裏的天氣熱得讓人無法忍受，即使是在仙人掌的陰影下，也有近五十度的高溫。而且當地只有墨西哥人和印第安人，他們根本就不會說英語，想找一個人聊天都很難。

她實在太難過了，於是寫信給父母，說她什麼都不想管了，只想回家。她父親見到她的來信之後，在給她的回信裏只寫了兩行字，但正是這兩行字完全改變了她的生活，讓她一輩子都銘記於心。

父親說：「兩個人從牢中的鐵窗望出去，一個看到泥土，一個看到星星。」

這個女人一再讀這封信，覺得非常慚愧。此後，她開始和當地人交朋友，雖然語言上有障礙，但她漸漸地習慣了，她發現，這些人的生活非常有趣。她對他們的紡織、陶器感興趣，他們便把最喜歡的、捨不得賣給觀光客的紡織品和陶器送給她；她研究了仙人掌和各種沙漠植物，還學習了土撥鼠的常識；她觀看了沙漠日落，還尋找到了許多海螺殼，這些海螺殼是幾萬年前當這個沙漠還是海洋時留下的……

女人萬萬沒有想到，原來在這樣艱苦的環境中，也能擁有幸福的生活。這時候她才明白，不管是在什麼樣的環境中，痛苦和幸福都是並存的，關鍵是看自己選擇痛苦還是選擇幸福。

對於人生，應當多一些樂觀的態度，時刻不要遺忘幸福。在艱難困苦面前，是選擇痛苦還是選擇幸福，這是上帝給我們出的一道經典的選擇題。做好了這道選擇題，就相當於走好了自己的人生之路。

二十世紀英國著名的思想家羅素，曾在一九二四年帶著他的巨著《幸福論》來到中國四川。當時的中國，軍閥混戰，民不聊生，因此他希望能以自己的思想教化引導中國人擺脫苦難。

當時是在夏天，四川的天氣十分悶熱，羅素和同行的幾位友人一起坐著滑竿（兩人抬的竹轎）去峨眉山觀光。山路險陡，幾位轎夫累得滿頭大汗。作為思想家和文學家的羅素立即沒有了觀賞峨眉山景觀的興致，而是琢磨起了轎夫們的心情。

他想，這個時候的轎夫一定在痛恨他們這些坐轎的人吧，這樣熱的天氣，還要他們抬著上山。他們有沒有在埋怨命運的不公，讓他們如此貧窮？

不知不覺中，他們就到了山腰的一個小平臺上。此時，轎夫們停了下來，準備休息一會兒。羅素下了滑竿，認真地打量著眼前這些轎夫。他看到轎夫們坐在一起，拿出菸斗，又是裹菸又是借火的，有說有笑，絲毫沒有半點對生活不滿的意思。他們還饒有趣味地給羅素講自己家鄉的笑話，很好奇地問羅素一些外國的事情。言語之中，流露著愉悅的心情，那才是真正的幸福啊！

幸福是可以自己選擇的。莎士比亞在談到人生的處境時，曾經有過一個很經典的比喻，他說：「我們的身心就是一個園圃，而我們的主觀意志就是園圃的園丁。不論我們是種植奇花異草，還是單獨培植一種樹木，或是任其荒疏，那權力都由我們自己掌握。」

生活中，我們可以讓自己的生活充滿喜悅，也可以讓自己的生活豐富多彩。不論我們處於什麼境地，都應當將幸福播種下去。成功的時候，盡情地享受成功；失敗的時候，也不要忘記生活美好的一面，記得明天又是新的一天。

2 改善心靈的幾種心識方法

一、釋放負面認知

日常生活中，我們每個人難免會有一些憂慮、擔心等負面記憶存在，而這些負面的記憶長期積壓之後，就會形成壓力。

特別一些對於不平之事的想法、受屈受辱的記憶……壓抑得太久，往往會對心靈造成創傷，所以應當設法把它們從內心之中釋放出來。那麼，如何釋放呢？我們可以站在高山上大聲吼叫，或者找一個沒有人的地方痛痛快快地大哭一場，抑或清醒地摔些無關緊要的東西。在日本、美國、韓國等國家，有人聰明地註冊了一些專供人們「發洩」的出氣公司，他們會花小錢買來一些廉價的模特、道具等商品，供要發洩的人摔打、報復，然後再照單付款。

二、遠離感受環境

遠離感受，其實就是離開負面的生活環境，主動選擇感受有效資訊，遠離或避免負面的刺激。

生活中，我們要想管理好自己的情緒，不要主動去感受過多的負面環境，要善於斷絕負面情緒資訊的來源。如果不看某些事情，我們就可以「眼不見為淨」；如果不聽某些事情，我們就可以當「不知道就沒事了」。

事實上，凡事均可以改變情境，感受不同的情境可以讓我們避免觸景傷情。你可以選擇正面而有益的情緒資訊；或者播種有利的想法、觀念、行為；或者選擇感受積極的資訊，避免吸收負面的資訊，從而達到穩定情緒的目的。

那麼，我們應該如何選擇正確的資訊？

(1)**離開現場，避免受刺激**。

爭論吵架時，人們往往容易互相刺激。雙方急於辯解、反駁，臉上的表情、肢體動作互相感染、相互刺激，於是越爭越氣。而最好的方法是先離開一陣，進行「冷處理」，比如倒杯茶、喝點水、上洗手間等，讓感識不再繼續被刺激。勸說不動對方，對方不轉變，那就自己先轉變，正所謂：「山不轉水轉，人不轉心轉。」

(2)**遠離傷心之地，避免觸景傷情**。

遭遇失意、失戀時，容易觸景傷情。此時，應改變環境，離開傷心的地方，通過轉換不同的環境，不同的人、事、物，來避免繼續受到同樣的刺激。因此，失戀時，你可以外出旅遊，不僅能夠陶醉於美麗的大自然，使自己心曠神怡，還能舒解心中不愉快的情緒意念。

三、播種善念

要想保持較好的情緒，就要儲存好的觀念和想法，因爲種善因才能得善果。情緒管理就是要多播種善因，即播種善念，培養好的觀念和想法，這樣自然會產生好的情緒之果。

在生活與工作中，多做一些有功德的好事，多播種善因，在藏識裏多儲存一些好的記憶，讓正面的、積極的、可成功發芽、能開花結果的種子深埋在你的內心深處。因爲有風度、有學識、有好的心態、有善的記憶，所以藏識散發出來的心念也是善的、正面的覺知和正面的情緒。

四、給心靈充電

工作時間或事情不順心時，會感到疲憊、壓力大，不論體力、心力都有種無力感。此時，你需要給心靈充電。爲心靈充電，可以放鬆心情，舒緩緊張情緒。

五、靜心

靜心可以使急躁的心念沉澱下來，使煩躁的情緒安靜下來，更可以啓發靈感、產生頓悟，發揮潛能。這部分在情緒控制中至關重要。

(1)**靜坐**。

坐在椅子上、床上或轎車裏，隨時可以閉目養神，甚至打瞌睡。坐前，將頭擺正，手平放在腿上，坐直坐穩，身體不要搖動，調整呼吸，將呼吸拉長變慢，意識從頭部往下放輕鬆，放輕鬆，再放輕鬆，心自然就靜下來了。

（2）**立靜**。

雙腳平行站穩，頭擺正，身站直，手扶柱子（如無柱子就平放於兩腿外側），站穩使身體不搖動。如站在公車上，車子振動，也要像高樓的避震器一樣保持平衡。注意呼吸，從頭部、眼皮、嘴唇、雙眉、手臂、手掌、手指逐步放鬆，慢慢進入冷靜朦朧的休息狀態。

（3）**臥休**。

平躺在床上，手腳自然平放，不用意志力控制，不要有壓迫感，如有不舒服之處，用手輕撫。調好姿勢之後，調呼吸，放輕鬆，心就會平靜下來。開始之後即使再有不舒服，或手癢、腳癢、頭癢等也不要理它，讓意識自然往下沉，進入超覺之境。

六、信仰

把問題與自己的責任、身上的使命、未來的事業等一比較，你就會發現，自己根本沒有時間去計較那些身邊的小事。

美國作家霍爾姆斯曾經說過：「人把自己的想法（或者稱之為『念頭』）擴展成爲一種新的觀念之後，就再也不可能回到原來的面目中去了。」因此，我們一定要學會應變，千萬不要一成不變。

目標的選擇——幸福的機會成本

法國哲學家布利丹養了一頭小毛驢，他每天都要向附近的農民買一堆草料來餵牠。

這天，送草的農民出於對哲學家的景仰，額外多送了一堆草料放在旁邊。這下子，毛驢站在兩堆乾草之間，可是為難壞了。牠左看看，右瞧瞧，始終無法決定究竟選擇哪一堆好。於是，這頭可憐的毛驢就這樣站在原地來來回回，在無所適從中活活地餓死了。

其實我們每一個人都和布利丹的毛驢一樣，經常需要在兩捆乾草之間做出選擇。毛驢因做不出選擇而餓死，說明選擇並不是一件容易的事情，其根源在於有所得必定有所失。過於追求完美，或者凡事都想萬無一失，反而會和預期的結果越來越遠。

正確的選擇可以造就生命中燦爛的前程，錯誤的選擇則會毀掉生命中的夢想而使人嘗盡遺憾的苦果。因此，選擇是歡娛的過程，也是痛苦的過程、悲愴的過程。

選擇需要高深的思維功底、切合實際的判斷能力、謹慎的態度、果斷的決斷，以及充足的時間。

比爾．蓋茲是一個商業奇蹟的締造者，也是一個懂得選擇的人。

比爾．蓋茲在中學時代就是一個凡事都比同齡人先行一步的孩子。老師佈置寫一篇千字左右的作文，比爾．蓋茲卻一口氣寫了十幾篇。

他所做的最重要的選擇莫過於退學。哈佛大學是多少人夢寐以求的學府，而考上哈佛大學的比爾．蓋茲卻在大三時毅然決然地選擇了退學。這不是一般人能有的決心和勇氣，也只有能下這樣的決心和勇氣的人才可能成為非凡的人物。

當時，剛剛二十歲的比爾．蓋茲對電腦十分感興趣，他深信，總有一天，電腦會像電視一樣走入千家萬戶。他堅定的信念不但打動了自己，還打動了夥伴，打動了父母。

試想一下，假如比爾．蓋茲依然在哈佛深造，學習課本上千篇一律的東西，他還有可能革新電腦界嗎？也許他會成為一名白領，而不是一個改變世界的人物。

他曾經說過這樣一句激動人心的話：「人生是一場大火，我們每個人惟一可做的就是從這場大火中多搶救一些東西出來。」

亞當．斯密曾經說過：「國王會羨慕在路邊曬太陽的農夫，因爲農夫有著國王永遠不會有的安全感；而要有農夫那樣的安全感，就不能擁有國王的權勢。」

做人是需要成本的，有好的人生選擇，也有壞的人生選擇，卻沒有不要成本的選擇。付出的成本太高，就可能影響我們的選擇，給我們的人生留下缺憾；相反，如果一開始就能做出正確的選擇，便能降低個人選擇的成本，從而創造出更多的「利潤」（人生價值）。

有哲人曾說過：「人不可能同時踏入兩條河流。」所以，在起步前行時，我們必須作出選擇，還要學會捨棄其他的選項，否則就會讓自己的行爲陷於混亂。

1 目標明確，才能傲風鬥雪，立於不敗之地

有人問羅斯福總統的夫人：「尊敬的夫人，你能給那些渴求成功，特別是那些剛

剛走出校門的年輕人一些建議嗎？」

總統夫人謙虛地搖搖頭，但她又接著說：

「不過，先生，你的提問倒令我想起了我年輕時的一件事。那時，我在本寧頓學院念書，想邊學習邊找一份工作做，最好能在電訊業找份工作，這樣我還可以修幾個學分。我父親便幫我聯繫，約好了去見他的一位朋友，即當時任美國無線電公司董事長的薩爾洛夫將軍。

「等我單獨見到了薩爾洛夫將軍時，他便直截了當地問我想找什麼樣的工作，具體哪一個工種。我想：他手下的公司任何工種都讓我喜歡，無所謂選不選了，便對他說，隨便哪份工作都行！

「這時，將軍停下下手中忙碌的工作，眼光注視著我，嚴肅地說，年輕人，世上沒有一類工作叫『隨便』，成功的道路是由目標鋪成的！

「將軍的話讓我面紅耳赤。這句發人深省的話語伴隨了我的一生，讓我以後非常努力地對待每一份新的工作。」

可見，如果我們非常想得到某件東西，就必須把它作爲自己堅定的目標，並朝著這個惟一的方向不懈努力、不斷前進。要知道，什麼都想要，結果往往是什麼也得不到。

一個下定決心就不再動搖的人，做起事來一定勇於負責，也一定更有成功的希望，從而在無形之中給人一種可靠的感覺。因此，我們做任何事，都應事先固定一個目標。一旦確定了目標，就不能再有絲毫猶豫，必須遵照已經定好的計畫，按部就班地去做，不達目的絕不甘休。

一旦認準大目標，我們就應該堅持不懈地幹下去。也許在奮鬥的過程中，我們會遇到這樣那樣的困難，但堅持是我們的制勝法寶。

有許多人並不是沒有給自己設定目標，但他們卻沒有成功。這是因爲他們做事有始無終，在開始做事時充滿熱忱，但因缺乏毅力，不待做完便半途而廢。如果一個人常放棄他所期待的目標，那麼他就無法成爲一個成功者，而只能是功虧一簣的失敗者，之前所有的努力都是「白折騰」。

「咬定青山不放鬆，立根原在破岩中。千磨萬擊還堅勁，任爾東西南北風。」這首讚美青松的詩生動地表明，站穩腳跟，目標明確，才能傲風斗雪，立於不敗之地。

狼的狩獵原則是始終將自己的精力集中在那些能促成牠們實現目標的行動上。因此，狼群從來不會漫無目的地圍著某一個獵物亂跑，牠們的目標從來都是精確無誤的。

我們在制定自己的目標時，也要有狼的這種智慧，切忌目標過空，不符合實際。我們只有鎖定目標並明確目標，才有取得成功的可能。方向是一個人行動的指南針，有方向的人是在為美好的結果而努力，沒目標的人只能在原地折騰。

有一個人要在客廳裏釘一幅油畫，請鄰居來幫忙。油畫已經在牆上扶好了，正準備釘釘子時，這個人卻遲疑了一會兒，他說：「這樣不好，最好釘兩個木塊，把畫掛在上面。」

鄰居覺得有道理，就幫他找來了木塊。

正要釘時，這個人又說：「等一等，木塊有點大，最好能鋸掉一點。」於是便四處去找鋸子。找來鋸子，才鋸了兩下，他們便很快發現這鋸子太鈍了，該磨一磨。這個人家裏正好有一把銼刀，於是就把銼刀拿了過來，可又發現銼刀沒有把柄。

為了給銼刀安裝把柄，這個人去附近的一個灌木叢裏尋找小樹。

要砍下小樹時，他又發現他那把鏽跡斑斑的斧頭實在不能用了，於是又找來磨刀石磨斧頭。可要想固定住磨刀石，必須得製作幾根固定磨刀石的木條。為此，他又去找了一位木匠。

然而，這一走，就沒見他回來。下午鄰居再見到他的時候，他正在街上幫助木匠從五金用品商店裏往外抬一台笨重的電鋸。

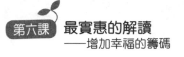

這個人折騰了一天，卻沒有折騰出一個成果。在我們的周圍，也能常常發現一些人整天被折騰得暈頭轉向，結果卻因爲做了大量無意義的事情而使得忙碌失去了價值。

先瞄準，再射擊！沒有瞄準的射擊沒有意義！只有沿著正確的目標做事，你的忙碌才不會白費心血，你的辛苦才能得到應有的回報。

在人生的競賽場上，沒有確立明確目標的人，是不容易成功的。許多人不乏信心、能力、智力，只是沒有確立目標或沒有選准目標，所以沒有走上成功的道路。道理很簡單，正如一位百發百中的神槍手，如果他漫無目標地亂射，就無法在比賽中獲勝。

職場上有所成就的人最明顯的特徵就是，在做事之前他們就清楚地知道自己要達到一個什麼樣的目的，清楚爲了達到這樣的目的，哪些事是必需的，哪些事看起來必不可少，實際卻是無足輕重的。他們總是在一開始就確立了最終目標，因而總是能事半功倍。

任何執行都必須有明確的目的，就像射箭一樣，要對準靶子，要有針對性，否則，執行力就如無的之矢，白費力氣。力量並不代表執行力，有目的、有意圖、有針對性、有收穫的力量，才代表執行力。

工作目標的確立若要做到科學、準確，就需及時、準確地捕捉資訊，且要有足夠的信息量。一個人每天做的事情，應與自己鎖定的目標保持一致。

要使自己成爲一個目標明確的人，就必須要注意下列幾點。

（1）**制定目標**。

明確自己近期要完成的任務，分析自己的性格、所處環境的優勢和劣勢、職場中可能遇到的機遇與威脅等，據此制訂一份詳細的執行計畫。

（2）**長期和短期的目標**。

根據你的實際情況，在長期目標的基礎上，你可以制定一些短期目標來一步步實現。

（3）**找出阻礙**。

寫下阻礙你達到目標的缺點與不足。這些缺點一定是和你的目標有聯繫的，而不是分析自己所有的缺點。它們可能是你的素質方面、知識方面、能力方面、創造力方面、財力方面或是行為習慣方面的不足。當你發現自己的不足時，就要下決心改正它，這能使你不斷進步。

（4）**提升計畫**。

在實現目標的過程中，你可能需要掌握某些新的技能、提高某些技能，或學習新的知識。

（5）**尋求幫助**。

有外力的協助和監督能幫你更有效地完成這一步驟。

我們做任何事情都要有明確的目標，並有達到目標的計畫。例如早上開始工作時，如果不確定當天的工作計畫，就很容易像無頭蒼蠅一樣，不知道自己將要飛往何處，最終把時間浪費在不該做的事情上。有目標才能減少干擾，把自己的精力放在最重要的事情上，從而快速而有效地解決問題。

在人生的每一個關鍵時刻，都要審慎運用智慧，做出最正確的判斷，選擇正確的方向，並及時檢視選擇的角度，進行適時調整。正確無誤的抉擇將使你走在通往成功的坦途上。

2 以專注的精神去實現目標

「年輕人事業失敗的一個根本原因，就是做事沒有目的性。他們的精力太過分散，以至於一無所成。」這是成功學大師戴爾・卡內基在分析了眾多個人事業失敗的案例後得出的結論。

事實的確如此，許多生活中的失敗者幾乎都在好幾個行業中艱苦地奮鬥過。然而，如果他們的努力不能集中在一個方向上，那麼，每次努力都只是在做一些無用功而已。

一位農場主巡視穀倉時，不慎將一只名貴的手錶遺失在了穀倉裏。他遍尋不獲，便定下賞金，承諾誰能找到手錶，就給他五十美元。

人們在重賞之下，都賣力地四處翻找。可是穀倉內到處都是成堆的穀粒，要在這當中找尋一隻小小的手錶，談何容易。許多人一直忙到太陽下山，仍一無所獲，只好放棄了五十美元的誘惑而回家了。但是一個貧困的小孩卻不死心，他希望能在天完全黑下來之前找到它，以換得賞金。

穀倉中慢慢變得漆黑，小孩雖然害怕，但仍不願放棄，不停地摸索著。突然，他發現在人聲安靜下來之後，有一個奇特的聲音，那聲音滴答、滴答不停地響著。小孩頓時停下了所有的動作，穀倉內更安靜了，滴答聲也變得更加清晰了，那是手錶的聲音。

終於，小孩循著聲音，在漆黑的大穀倉中找到了那只名貴的手錶。

這個小孩成功的法則其實很簡單：專注地對待一件事，你總會打開成功的門栓。同樣，當我們著手於某一項工作時，也要全身心地投入，千萬不要三心二意。只有把專注當作工作的使命去努力完成，並逐步養成專注於工作的好習慣，你的工作才會出效率，才不會折騰於無效的瑣事中。

一個人的潛能是無限的，但他的精力和時間卻是有限的，任何人都不可能成爲無所不知、無所不能的超人。「人能一其心，何不知之有哉？」意思是，人如果能夠專心致志，那還有什麼事情是辦不到的呢？聰明的人懂得專注的重要性，他們做事的時候，能夠不讓自己的精力分散開來。只有這樣，才能堅持於一件事而最終取得成功。

正所謂「不是聚焦的太陽不能燃燒」。凡大學問者、科學家取得的成就，無一不是「聚焦」的功勞。從古至今，只要在事業上有所成就的人，都是心無二志、專注勤勉的人。專注是通往成功的敲門磚，我們在追求成功、實現理想的道路上，必須學會捨棄一些東西，只有這樣，才能避免無謂的精力浪費，從而集中才智，將一件事情做大、做精、做強。

對於企業和個人來說，只有集中力量向著自己的目標邁進，將自己的事情辦好，不糾纏於無效的「折騰」中，才能夠更輕鬆、更順利地實現目標。

3 化整為零，分階段實現幸福目標

當工作中遇到較大的困難時，當距離工作目標還很遙遠時，不妨採取將大目標進行分割的方式，將困難劃分爲一個階段一個階段的具體目標，繼而有針對性地去攻破，所有問題便會迎刃而解。

一九八四年，在東京國際馬拉松邀請賽中，名不見經傳的日本選手山田本一出人意料地奪取了世界冠軍。當記者問他憑藉了什麼取得如此驚人的成績時，他說了這樣一句話：「憑智慧戰勝對手。」

當時，許多人都認為這個小個子選手是在故弄玄虛。馬拉松是考驗體力和耐力的運動，只要身體素質好，又有耐性，就有望奪冠，爆發力和速度都還在其次，說是用智慧取勝就更加勉強了。

兩年後，義大利馬拉松邀請賽在北部城市米蘭舉行，山田本一代表日本參賽。這一次他又獲得了冠軍。記者又請他談經驗。山田本一回答的仍是上次那句話：「用智慧戰勝對手。」這回記者在報紙上沒再挖苦他，但對他所謂的「智慧」仍迷惑不解。

幾年後，這個謎終於被解開了。他在自傳中寫道：

「每次比賽前，我都要乘車把比賽線路仔細看一遍，並把沿途比較醒目的標誌畫下來。比如第一個標誌是銀行，第二個標誌是一棵大樹，第三個標誌是一所紅房子……這樣一直畫到賽程的終點。比賽開始後，我就以百米速度奮力向第一個目標衝去；等越過第一個目標後，我又以同樣的速度向第二個目標衝去……四十多公里的賽程，就被我分解成幾個小目標輕鬆地跑完了。起初我並不懂這樣的道理，把目標定在四十公里外終點線的那面旗幟上。結果才跑到十幾公里時，我就已經疲憊不堪了，我被前面那段遙遠的路程給嚇倒了。」

其實，山田本一的成功並沒有什麼高深的奧秘，他只是將自己長跑的目標進行了分解，然後逐步實現一個個小目標進而取得最後的勝利。現在想來，做任何事情不都是如此嗎？

火箭飛向月球需要一定的速度和品質，科學家們經過精密的計算得出結論：火箭的自重至少要達到一百萬噸。而如此笨重的龐然大物無論如何也是無法飛上天空的。因此，在很長一段時間裏，科學界都一致認定：火箭根本不可能被送上月球。

直到有人提出「分級火箭」的思想，問題才豁然開朗起來。將火箭分成若干級，火箭的其他部分就能輕鬆地逼近月球了。

美國一位名叫羅伯．舒樂的博士，在自己身無分文的情況下，立志要在加州建造一座水晶大教堂。這座教堂的預算造價為七百萬美元。

舒樂博士首先在一張白紙上，寫下了自己實現目標的奇特計畫：

尋找一筆七百萬美元的捐款；

尋找七筆一百萬美元的捐款；
尋找十四筆五十萬美元的捐款；
尋找廿八筆廿五萬美元的捐款；
尋找七十筆十萬美元的捐款；
尋找一百筆七萬美元的捐款；
尋找一百四十筆五萬美元的捐款；
尋找兩百八十筆兩萬五千美元的捐款；
尋找七百筆一萬美元的捐款。

他把七百萬美元這個大目標，一次又一次地分割成了更小的目標，最終分割到了一萬美元。每次只需募捐一萬美元，這個目標實現起來就容易多了。就這樣，歷時十二年，一座最終造價兩千萬美元、可容納一萬多人的水晶大教堂終於竣工了。

這座水晶大教堂堪稱世界建築史上的奇蹟與經典，也成為了世界各地前往加州的人必去的遊覽勝景。

一些大目標看似難以實現，但只要把它分割成無數個小目標，實現起來就不再是什麼難事了。每天實現一個小目標，然後逐個去實現它，你就會在不知不覺中收穫人生的大成功。

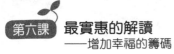

第七課

最輕鬆的解讀
——幸福不設限，俯首即拾

簡化生活。更多並不總代表更好。」

——泰勒・本・沙哈爾

人性的通病往往是求之不得，卻苦苦追尋；而得償所願後，又會有更高更大的欲望驅使人們拼命往前趕，於是活得苦不堪言。只有當身體亮了紅燈，不得不暫停匆忙的腳步時，人們似乎才會感悟到，原來健康才是最大的幸福。

放低幸福的底線

有人說幸福其實很簡單，構成它的要素，不是宏大的願望，也不是紛繁的生活，而是每天發生在生活中的一些小事。只希望平淡安適地生活；只希望父母都健康快樂，住得很近，能天天見面；只希望能有個可緊握彼此雙手、一生相隨的人。

天下本沒有持久的幸福，如果說幸福也有一定的形狀，那它絕對不會是一根玻璃棒，而是一條珠鏈，由大大小小的瞬間的快樂連接而成的——每一顆珠子都很簡單，但也很重要。因此，追求幸福，首先就要從簡單做起。

那麼，幸福都有些什麼樣的條件呢？我們先來看看下面這個小故事吧！

在兒子讀小學二年級的上學期期末時，老師留了一項作業，要他們當小記者訪問爸爸。共有六個問題，有一大半是資料性的，包括在哪裡工作、負責哪一方面的事等，其中的第五題是：爸爸的夢想是什麼？怎麼實現？

爸爸說：「我有三個願望，第一個願望是吃得下飯；第二個願望是睡得著覺；第三個願望是笑得出來。」

兒子看了看爸爸，說：「別人的爸爸都有著偉大的願望，例如做科學家、太空人什麼的。你這願望，存心就是害小孩。」

爸爸說：「要不然你照我的話寫完之後，再寫一篇《我眼中的爸爸》附在後面，讓老師瞭解這不是你隨便寫的，而是你爸爸的本性就是如此。」

兒子覺得有道理，於是很快地寫了一篇沒分段的作文。

第二天，爸爸問兒子：「老師怎麼說？」

兒子撓了撓頭，有點不好意思地說：「老師上課時叫我到前面，說我的訪問和作文寫得非常好，給了我九十八分，是全班最高的，比班上的模範生還高，還把我的作文念給全班聽了。」

「那她有沒有說為什麼？」

「她說她先生的工作最近不太順利，已經有好幾天睡不著覺了，也只吃得下一點東西。她覺得爸爸的三個願望很有意思。」

幸福沒有多高的條件，吃得下飯、睡得著覺、笑得出來的人，就是幸福的。

只要你能放低幸福的底線，你就會發現，幸福不是完美或永恆，它只是內心對生命流轉的感受和領悟。幸福很簡單，它不僅留存於他人給自己的關愛與恩惠中，同樣也積存在我們自己的愛心與真誠裏；它簡單到在它來到我們身邊的時候，或許我們根本沒有察覺。

要想得到幸福與快樂，其實很簡單。少一些欲望與雜念，多一份淡泊與從容，人生就會變得亮麗起來。

生活簡單就是幸福，並不意味著我們放棄了對目標的追逐，而是在忙碌中的停歇，是身心的恢復和調整，是下一步衝刺的前奏，是以飽滿的熱情和旺盛的精力去投入新的「戰鬥」的一個「驛站」；生活簡單就是幸福，並不意味著我們放棄了對生活的熱愛，而是於點點滴滴中去積累人生，在平平淡淡中去尋求充實和快樂。

放下沉重的負累，敞開明麗的心扉，去過好你的每一天。問問自己，你吃得下飯嗎？睡得著覺嗎？你笑得出來嗎？如果你吃得下飯、睡得著覺、笑得出來，那你還有什麼好悲傷的呢？適當降低幸福的底線，牢記幸福這三個簡單的條件，相信幸福生活一定會屬於你。

1 別把幸福放在別處，從自己身上去尋找

人最佳的生活狀態是什麼呢？生活中，我們到底應該把什麼放在自我追求的第一位呢？相信很多朋友都曾想過這樣的問題。當然，或許人們會說，什麼樣的生活狀態都不要緊，只要幸福就可以了。但是幸福生活畢竟也是有一定狀態的，不然就沒必要去討論幸福這個話題了。

修昔底斯曾說過，要自由，才能有幸福；要勇敢，才能有自由。匈牙利詩人裴多菲在他的《自由與愛情》這首詩裏也這樣寫道：「生命誠可貴，愛情價更高；若為自由故，兩者皆可拋！」足以說明，幸福生活沒有自由是不行的。而在現實生活中，我們常說的自由，其實也就是一種自由自在的生活狀態。

上帝派天使甲和天使乙在人間巡遊，於是兩位天使便看到了這樣有趣的一幕：

一個衣衫襤褸的乞丐看到一個男孩左手拿著麵包，右手拿著牛奶，邊走邊吃。乞丐摸了摸饑腸轆轆的肚皮，咽下一團又一團口水，羨慕地自言自語：「哎，能吃飽

飯，真幸福呀！」

那位小男孩剛走了幾步，就看到一個女孩坐在爸爸的摩托車後座上來到了肯德基，買了一個大號的全家桶，開心地啃著漢堡、吸著可樂。小男孩此時看了看自己手中的麵包和牛奶，羨慕地自言自語：「唉！能吃這麼多美味，真幸福呀！」

啃著漢堡包的小女孩坐在爸爸的摩托車後座上，忽然看到一輛漂亮的黑色小轎車從身旁駛過，絕塵而去！小女孩想：「能開這麼漂亮的車子，真幸福呀！」

而小轎車裏坐著的卻是一個逃犯，他正在逃避警察的追捕，可他終究還是被警方逮到了，警察給他戴上了冰涼的手銬，坐在警燈閃爍的警車裏。

他透過車窗看到一個乞丐正在路上漫無目的地走著，於是他羨慕地朝乞丐喊了一聲：「唉，可以自由自在不受束縛，多幸福呀！」

乞丐聽到那人的話，心裏一下就高興起來了。原來，自己也是幸福的，以前怎麼沒有發現呢！於是，他手舞足蹈地一路唱著歌去了。

兩位天使回去後，向上帝彙報了在人間所見到的這一切，並述說了心中的困惑：「為什麼乞丐也是幸福的呢？」

上帝微笑著說：「人生來就擁有活得幸福的權利，只是一些人沒有去主動發現幸福而已。但不管怎麼說，懂得選擇適合自己的生活方式，能夠做到自由自在的人，最容易獲得幸福。」

現代社會裏，激烈的全方位競爭、複雜的人際關係、快速的生活節奏，給人們的心理帶來了很大的壓力，使人們對幸福也茫然了起來，總是把幸福放在別處，而不是從自身去尋找，因而總是覺得幸福難覓。

生活中，左右、羈絆和束縛我們的可能是各種感官和物欲。沒有誰的生活是一帆風順的，多多少少都要受到一些外來條件的束縛。但是，外來的束縛其實是可以通過內心來化解的，主要在於你能否找到一種適合自己的生活方式。

仔細想想，你不難發現，那些幸福的人，都是身心自由的人。貧窮也好，富裕也好，他們都能努力找到一種適合自己的生活方式，然後拋開煩惱，自由自在地活著。

我們沒有必要羨慕別人的生活，生活都是一樣的，你所看到的別人的生活不一定就比你幸福。正如叔本華所說：「人們很少會想到他們擁有些什麼，但是，卻常常想到比別人少了些什麼。」就像下面這個小故事中的男子一樣，總以爲別人手中的東西才是最好的。

上帝拿出了兩個蘋果，讓一位幸運男子挑選。該男子權衡再三，最終下定決心，選了他最滿意的一個。而當上帝將蘋果放在他的手裏，轉身離去的時候，男子卻突然反悔了，他想將手中的蘋果調換成另一個。

正當他準備朝上帝跑去時，上帝不見了。此後，男子的一生都在耿耿於懷中度過。於是，上帝嘆道：「人啊，總是期待那些未到手的，而不好好珍惜手中所擁有的，這樣怎麼可能會獲得幸福呢！」

生活中常常困擾我們的、讓我們感到不安的，往往並不是我們自己的生活，而是別人的生活。

曾有一對因逃難而失散，多年後才重逢的孿生兄弟，個性活潑的哥哥在饑寒交迫下跑去寺院當了和尚，個性安靜的弟弟則在機緣巧合下娶了妻子生了兒女。相遇之後，兄弟倆卻過得越來越不快樂：哥哥羨慕弟弟娶妻生子，享盡家庭溫馨；弟弟羨慕哥哥皈依佛門，遠離塵世紛擾。

一天，兄弟倆相約在半山腰的小涼亭閒談。但之後遭遇到了山崩，兩人慌亂之中躲進了一個小山洞，才倖免於難。半夜，哥哥怕弟弟著涼，便脫下僧衣給弟弟蓋上；清晨，弟弟感激哥哥的照顧，也脫下了上衣給哥哥蓋上。

幾天後，處於昏迷狀態的兄弟倆獲救了。但哥哥被送回了弟弟家，弟弟被送回了寺院。於是，他們將錯就錯，開始體會自己嚮往已久的生活。哥哥為了衣食拼命幹活，累得半死也撐不起一家溫飽，絲毫享受不到家庭生活的溫馨；弟弟為了準時撞鐘、誦早課，和衣而臥，經常徹夜不眠，半點感受不到出家生活的悠閒。

最後，兄弟倆在疲憊不堪之下重新回到了自己的生活中。此時，他們才幡然醒悟其實他們根本就沒必要羨慕對方的生活。

總是羨慕別人的生活，就會造成自己生活的混亂，使人生走向迷茫，最後弄得自己心煩意亂。不得安寧。羡慕別人的最終代價，就是失去自我。一個失去了自我，如行屍走肉的人，拿什麼去追求幸福？不去羨慕別人，自己的日子才會變得悠然平靜、從容不迫；不去羡慕別人，才能找到適合自己的生活方式，完成自己的事業，達到自己的目標，從而過好自己的日子。

許多在獨特領域裏取得巨大成就的人，都從來不會去羨慕別人的生活。因爲只有生活在自己的天地裏，他們才能不受外界的干擾，發揮自己的才能，一心一意地去過自己的生活，幹自己想幹的事。

每個生命的個體雖然表面各異，但本質卻是相同的。每個人的一生都是獨特的，崇拜偶像不如認清自己，因爲我們自己永遠不可能成爲別人。雖然人生道路上會有坎坷和不平，但無論是榮譽還是困苦，一切都會成爲過去。只要不羨慕他人，不想太多，將精力放在自己的生活上面，踏踏實實地做好自己的事，幸福就會縈繞在我們身邊。

2 不要給自己的幸福設限——誰都有享受幸福的權利

不知道大家是否遇到過這種情況：你發現身邊的某些朋友們身上有著驚人的藝術才華，比如某位朋友的書法很好，只要稍微努力一下，很有可能成爲一位書法大家；某位朋友很有繪畫天賦，甚至在小學的時候就能夠畫出一本連環畫來……但是，這些人最後的生活卻過得很平淡，當你對他們說，他們可以成爲書法家、畫家的時候，他們卻膽怯地說，自己沒有那個本錢。

其實，很多東西，並不是非要擁有什麼才能夠去爭取，所有人都有追求幸福的權利。窮人或者富人，大人或者小孩，男人或者女人，他們在幸福面前的起跑線都是一樣的，主要是看人們能否打開自己的心扉，去大膽地迎接幸福。

一九二〇年，美國田納西州一個小鎮上，有個小女孩出生了，她的名字叫瑪麗。

瑪麗漸漸懂事後，才知道自己是個私生子。人們明顯地歧視她，小夥伴們都不跟她玩。她不知道他們為什麼要這樣對她，她覺得世界很殘酷。

上學後，瑪麗受到的歧視並未減少，老師和同學都以那種冰冷、鄙夷的眼光看她：這是一個沒有父親、沒有教養的孩子。於是，她變得越來越懦弱，開始封閉自我，逃避現實，不與人接觸。

瑪麗最害怕的事，就是跟媽媽一起去鎮上的集市。她總能感到人們在背後指指戳戳、竊竊私語：「就是她，那個沒有父親、沒有教養的孩子！」

瑪麗十三歲那年，鎮上來了一個牧師，從此，她的一生便改變了。瑪麗聽大人說，這個牧師非常好。她非常羨慕別的孩子一到禮拜天，便能跟著自己的父母，手牽手地走進教堂。她曾經多少次躲在遠處，看著鎮上的人們興高采烈地從教堂裏出來。但她只能通過教堂莊嚴神聖的鐘聲和人們面部的神情，來想像教堂裏是什麼樣，以及人們在裏面幹什麼。

有一天，瑪麗終於鼓起勇氣，待人們進入教堂後，偷偷溜了進去，躲在後排聆聽牧師的演講。她聽得入迷，忘記了時間，直到教堂的鐘聲敲響才猛然驚醒，但已經來不及了。率先離開的人們堵住了她迅速出逃的去路，她只得低頭尾隨人群，慢慢移動。

突然，一隻手搭在她的肩上，她驚惶地順著這隻手臂望上去，正是牧師。

「你是誰家的孩子？」牧師溫和地問道。這句話是她十多年來，最害怕聽到的。它彷彿是一支通紅的烙鐵，直燙瑪麗的心。

人們停止了走動，幾百雙驚愕的眼睛一齊注視著瑪麗，教堂裏靜得連根針掉在地上都聽得見。瑪麗完全驚呆了，她不知所措，眼裏含著淚水。

這時，牧師臉上浮起慈祥的笑容，說：「噢，知道了，我知道你是誰家的孩子——你是上帝的孩子。」然後，撫摸著瑪麗的頭髮說：「這裏所有的人都和你一樣，都是上帝的孩子！痛苦都是人們自找的，每個人都可以過上幸福的生活，你也不例外。不要限制自己，幸福就在你身邊，大膽去尋找吧，孩子！」

牧師的話讓瑪麗從此走出了陰影，和其他孩子一樣，過上了幸福的生活。

物質與其他的一些環境，都不能完全左右幸福。一個人不管曾遭遇過什麼，幸福都不會與他計較，而與他計較的，只有自己。可以說，是我們自己囚禁了自己的心靈，從而將幸福從身上擠了出去。

我們需要記住，永遠都不要顧影自憐，更不要爲自己找藉口，從而將幸福拒之門外。幸福來臨的時候，一定要打開你的心扉，用微笑去迎接每一個快樂的瞬間。

沒錢，也有享受幸福的權利

相信朋友們一定碰到過這樣的事，在約自己的朋友出去玩的時候，朋友會愁眉不展、一臉痛苦地回答說：「沒錢怎麼玩？」

這時候，你的心裏一定不大好受。沒錢怎麼玩？這似乎已經成了時下某些人的口頭禪。人們不禁會提出這樣的疑問：「沒錢，難道就沒有享受幸福的權利嗎？」

答案自然是否定的。在一定範圍內，金錢能夠帶動幸福感，但絕對達不到壟斷幸福的程度，因爲金錢並不與幸福直接相關。除了金錢，幸福還有許多其他方面的決定因素。舉個例子說，看過《紅樓夢》的人都知道，其中的人物沒幾個是因爲窮而痛苦的，倒是公子小姐們一直在痛苦中煎熬。

所以說，窮人有窮人的生活樂趣，富人也有富人的痛苦。每個人都有自己的生活方式，快樂與否，不在於金錢的多寡，而在於以何種心態來對待自己的生活。幸福與快樂，絕不只是富人的專利。

在一個冬天的下午，一男一女兩個盲人進了一家小商店。男的拄著一根棍子，牽著女人的手，兩個人都是三十出頭的年紀。這時候，店員注意到了他們沾滿泥水的腳上竟然沒有穿襪子，縮在破舊鞋子裏面的腳已經凍成了青紫色。

兩人摸索著移到櫃檯前，說：「老闆，我們想買兩雙棉襪。請拿給我們好嗎？我們有錢。」說完，就將手伸進了破棉襖裏掏了一把零鈔出來。

店員數了數這些被揉皺的零鈔，對他們說：「這點錢只夠買一雙。」

男人有點為難，站在他身邊的女人伸手拉了拉他的衣角，說：「你腿腳不好，給你買一雙就行了，我就不要了。」

男人則說：「說什麼話，我是個男人，冷點沒關係，我看還是給你買一雙吧。老闆，給拿一雙顏色好看一點的。」

店員給他們拿了一雙綠色的襪子，男人用手撫摸著說：「手感還不錯，品質一定好。老闆，這襪子是什麼顏色的？」

店員告訴他是綠色的，他聽了搖了搖頭：「還是拿雙紅色的吧，我老婆穿紅色的好看。」

他的話讓店員愣住了。當店員把一雙紅色的襪子遞到男人的手中時，看到的卻是令他感動一生的一幕：緊緊牽著丈夫衣角的女人，將那雙男人剛剛遞給她的紅棉襪捂在自己的臉上，用鼻子聞了又聞，那張被凍得青紫的臉龐上，竟然泛起了紅暈。同時，她那雙含淚的眸子裏，也流露出了無比的感動與幸福。

男人蹲下身子，將女人腳上那雙沾滿泥水的鞋子脫了下來，用自己破舊的衣襟給女人擦腳，還幫她磕掉了沾在鞋子上面的泥水，然後才將紅襪子小心地穿在她的腳上。

之後他站了起來，摸索著用手幫女人理了理被風吹亂的頭髮，並仔細地給她繫好圍巾，說：「這下好了，腳不冷了。」女人則滿足地「嗯」了一聲，由男人牽著走了。

聽著他們漸漸遠去的探路棍的「嗒嗒」聲，店員站在櫃檯裏久久沒回過神來。店員心想，誰說沒錢就沒權利享受幸福？

有專家指出，生活中很多人之所以認爲沒錢就沒權利享受幸福，是因爲他們沒有喚醒自己的幸福。當一個人的生活過於平淡時，幸福就會在他的身上沉睡過去，這個時候，就需要一些舉動來刺激它一下，將它喚醒。刺激是生物對外界做出反應的能力，調整刺激會帶來內在的痛苦，接受刺激則會使心理感受更加豐富。

兩個老奶奶拄著拐棍在街頭相遇，她們聊起了天來。一個說：「我這輩子太不幸了，愛過幾次，但總不能和心愛的人結婚。」另一個說：「我這輩子沒愛過誰，平平淡淡過了一輩子。」

誰更幸福？人們都說是第一個。第一個老奶奶情感經歷豐富，雖然有痛苦，但在痛苦之前，也一定有愛的感覺；第二個雖然沒有痛苦，但也失去了愛的感覺。生活沒有了刺激，就沒有了生命力。

放飛自己的心靈，不要讓它被金錢囚禁，世上比金錢美好的東西還有很多。

不要讓攀比毀掉你的幸福

生活中，只要細心留意，種種由攀比而導致的鬧劇、悲劇幾乎每天都在上演。其實，那些整天過得悶悶不樂，對自己的處境感到不滿的人，並不一定是因爲自己的處境有多麼悲慘，而是因爲他們暗自將自己的生活狀況拿去和別人攀比。看到生活狀況比自己好的朋友、同事、同學等，就總覺得別人比自己更幸運、更幸福。而自己呢？無形之中就成了最不幸的一類人。這樣一來，還怎麼能活得開心、過得幸福呢？

俗話說：人比人，氣死人。如果兩個人真要攀比，就算兩人都是億萬富翁，恐怕攀比的結果也不會讓自己如意。正所謂「金無足赤，人無完人」。雖然兩人的財富一樣多，但是生活上總會有差距。如此一來，總拿自己的短處去比別人的長處，豈不是自己跟自己過不去麼？事物總是在不斷變化的，生活中，我們應保持一顆平常心，不以物喜，不以己悲，在待遇和生活方面不與比自己高的人去攀比。

美國作家亨利．曼肯說：「如果你想幸福，非常簡單，就是與那些不如你的、比你更窮、房子更小、車子更破的人相比，你的幸福感就會增加。」

如果我們對生活現狀不滿意，就想一想過去的艱苦歲月，比一比那些仍然缺吃少穿的窮人，給自己一點安慰，它會讓你感受到幸福和快樂無時不在、無處不在。而盲目的攀比，則會毀掉一個人的幸福，讓人痛苦不堪。

一隻烏鴉看到老鷹叼走了一隻綿羊，嘴饞的烏鴉於是想，老鷹能抓羊，我為什麼就不能呢？老鷹有爪子，我也有；老鷹會飛，我也會。最後，不甘心的烏鴉便決定仿效老鷹的樣子：牠盤旋在羊群上空，盯上了羊群中最肥美的那隻羊。牠貪婪地注視著那隻羊，自言自語地說道：「你的身體如此的豐腴，我只好選你做我的晚餐了。」說罷，烏鴉呼啦啦帶著風直撲向那咩咩叫著的肥羊。

結果是：烏鴉不僅沒把肥羊帶到天空，牠的爪子反而被羊鬈曲的長毛緊緊地纏住了，這隻倒楣的烏鴉脫身無術，最後被趕過來的牧人逮住，成了孩子們的玩物。

我們常常覺得自己過得不快樂，那是因爲我們追求的不是真正的幸福，而是「比別人幸福」。不要去和別人攀比，幸福不幸福、快樂不快樂只有自己知道，選擇適合自己的就行了。適合你的，才是最好的。此外，還應該注意到，攀比心理主要來源於對他人的嫉妒，人一旦陷入這個漩渦就難以自拔，久而久之定會損己害人。

懂得滿足，適當放低自己的幸福底線，不奢求太多，經營好現在所擁有的，人才會自得其樂，從而避免很多不必要的事情發生。克服攀比心理，生活才能充滿陽光，我們才不至於讓攀比毀了自己的幸福。

從前，有一隻小老鼠整天被貓追來追去，牠感到十分煩惱。於是，牠去求見上帝，央求上帝說：「你把我變成貓吧，這樣我就不用被貓追了。」

上帝答應了，把牠變成了貓。可是變成貓以後，小老鼠又被狗追來追去，牠覺得還是老虎比較厲害，於是又央求上帝把牠變成了老虎。可是，變成老虎還是不滿足，又苦苦哀求上帝把牠變成大象。上帝沒辦法，只好答應牠。

變成大象後，突然有一天，牠的鼻子癢得受不了，恨不得把自己的鼻子割下來，後來從牠的鼻子裏鑽出來一隻小老鼠。

這時，牠才明白，原來做小老鼠也挺好的。從此以後，小老鼠再也不攀比了。

每個人都應該儘早認清自己，回到自己的生活中來，去尋找自己的幸福，而不是總把目光放在別人的身上。就像上面這個小故事裏的小老鼠一樣，什麼都想和別人攀比，等繞了一大圈回來才發現，原來的自己其實才是最好的。

不和別人攀比，保持平和心態，是一種修養，同時也是一種生活的智慧——渴望幸福的人們，幸福就在你們的身上，還和別人攀比什麼呢？

3 不要為自己找藉口，從而將幸福拒之門外

一位臨終的老人十分遺憾地說，現在的他如果還是個孩子該有多好，那樣他就可以再接觸一些新的事物了。是啊！沒有人可以擁有一切，正如清代文華殿大學士張英說的那樣：「萬里長城今猶在，不見當年秦始皇。」人的生命都是有限的。因此，人生要學會適當地放棄和退讓，這樣，生活才能少一些煩惱。

許多人過得不幸福，不是他們不希望自己過上幸福的生活，而是太過於追求完美，總希望把所有自己喜歡的東西都一把抓在手裏，嫌自己這裏不好那裏不好，始終無法欣賞和接納自己。可是，如果一個人事事都追求盡善盡美，做人也要面面俱到，只會累死自己。每個人都不是完美無缺的，且能力也是有限的。上天如果給了我們卓越的能力，就可能不給我們健

康的身體、美麗的容顏；或者如果他給了我們燦爛的人生業績，就不一定會給我們休閒的生活。沒有人可以獲得所有人的喜愛，沒有人可以擁有一切。

比如說，現在的女性心裏總有這麼一個錯誤的觀念，總覺得擁有一切才能幸福：完美的家、出眾的丈夫、可愛的孩子、稱心的工作、圓滿的愛情、受人尊重的社會地位、舒適的生活條件以及必不可少的美貌等。當然，不可否認，世界上確實有個別這樣衣食無憂、天使般幸福的女人，但那只是極少數，而對於大多數女人而言，是不可能擁有所希望的一切的。其實，幸福也不需要這一切。我們只需要珍惜現在所擁有的，就能得到最大的幸福！

電影《臥虎藏龍》裏有句話是：「把手握緊，手裏面什麼都沒有。把手鬆開，你擁有的就是一切。」

手中的沙子，無論你抓得多緊，它總會一點點漏出去，沒有人可以抓住所有的沙子，因爲沒有人可以未卜先知，沒有人可以抓住永恆。我們無法擁有一切，但卻可以做出選擇。而且有的時候，人必須選擇，並且堅持，因爲生命無路可退。

有一位老人，在他住所的西面有一片公共的小樹林。每天早上，老人就都會到那裏去練太極，累了就和一些老人孩子坐在一起聊聊天、喝喝茶。可以說，小樹林給他帶來了很多快樂。

一天，老人想，要是那片小樹林屬於自己，該多好啊！那樣就沒有小孩子在裏面亂踢亂打、損壞樹林了，他甚至還可以在小樹林裏建一棟小房子，靜享清福。想到這些後，老人就將小樹林買了下來，之後便忙著在裏邊種植花草、修建圍欄等。

經過一番打理，小樹林變得比以前更漂亮了，老人的小木屋也在小樹林裏安了家。

剛開始的一段日子，老人確實過得很快樂，但是後來，小樹林給老人帶來的煩惱也接踵而至：要不要讓其他的老人繼續像以往一樣到小樹林裏來散步？要不要限制小孩子跑進來嬉戲？如果讓他們進來，那小樹林還是自己的嗎？如果不讓他們進來，這裏又死氣沉沉的，沒有一點活力。

到了夏天，時常下雨，一場暴雨將小樹林裏的花草弄得凌亂不堪，很多花草都攔腰折斷了，老人傷心得兩天吃不下飯。此後還要天天看天氣預報，怕暴風雨再次來臨……

結果，這一片小樹林把老人弄得心力交瘁，這時候的他才感嘆說：「有些東西是不必擁有的，擁有了反而會讓自己不開心。」

對於生活，對於愛情，每個人都懷著美好的憧憬和希望，希望自己什麼都擁有，希望自己喜歡的人能一輩子都陪伴在自己身邊。但他們卻很少想過，自己根本就不可能擁有一切，有些東西也不必擁有。試想，如果你喜歡每天站在窗外唱歌的鳥兒，於是便將牠抓回來關在鳥籠裏。這時候，你是擁有了牠，但同時，你也失去了觀賞小鳥翱翔藍天的美好心情；試想，你愛上了一個人，但你和她在一起只能彼此折磨，那爲什麼不放手，讓她活得更快樂一點呢？

喬伊絲．布拉澤斯說：「我們得到的越多，想要的就越多。」這使我們永遠都無法擁有一切。因此，放開你的手，降低你的幸福底線，珍惜自己現在擁有的一切吧，如果你還想著那些你未得到的，那麼可能連你現在擁有的幸福也會失去！

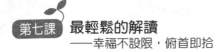

幸福其實就這麼簡單

日本著名作家、藝術至上主義者芥川龍之介說：「希望自己的人生過得幸福和快樂，必須從日常的瑣事愛起。」做一個平凡的人，結束了一天的工作生活後，躺在床上，看看身邊靜靜入睡的孩子，聽聽窗外蟲鳴啾啾、輕風掠過，想著又平平安安地度過了一天，這難道不是一種幸福嗎？

不要渴望自己能夠搖身一變，成爲一位偉人。凡事都需要從平凡做起，懂得平凡、安於平凡的人才能最終在自己的工作領域內，取得良好的成績——正如海爾集團首席執行官張瑞敏說的那樣：「把每一件簡單的事做好就是不簡單！把每一件平凡的事做好就是不平凡！」

對幸福的要求不要過高。當幸福的感覺來臨時，找個筆記本將那種瞬間的幸福體驗記錄收集起來。就這樣一路收集，失意的時候想想曾經的那些美好的幸福時光，心靈就會豁然開朗起來。

1 少一分欲望，多一分幸福

欲望，是生命體與生俱來的東西。無論是動物界還是植物界，都普遍存在著各種欲望：當一個人愛上另一個人之後，會不惜一切地想要得到對方；當一隻素食的熊貓饑腸轆轆的時候，牠會去主動捕殺其他動物；當一棵小草被石頭壓住時，它甚至會選擇刺穿它……欲望在一定程度上促進了社會的發展和人們自我夢想的實現。但是，一個人的欲望是無止境的，如果管不住自己的欲望，任它隨心所欲，必然會給自己帶來痛苦和不幸。

托爾斯泰曾講過這樣一個故事：

有一個人對地主說他想要一塊土地。地主看著他，想了一下說：「清早，你從這裏往外跑，跑一段就插根旗桿，只要你在太陽落山前趕回來，插上旗桿的地就都歸你。」

於是，那人開始拼命地跑。太陽快落山了，他還覺得自己的地不夠大。後來看時間不早了，於是就拼命地往回趕。結果，他是跑回來了，但已精疲力竭，一個跟頭栽下去就再也沒起來。

後來，地主找了兩個人挖了個坑，把他埋了。牧師在給這個人做祈禱的時候嘆著氣說：「一個人能要多少土地呢？就這麼大。」

一個人的欲望越多，他離幸福也就越遠。多一分欲望，就少一分幸福；相反，少一分欲望，也就多一分幸福。生活中，我們很多時候之所以會覺得自己活得累，其原因就是我們的要求太多了。不斷地索取，自然會身心疲憊。

曾有人問卡內基：「用什麼方法才能致富？」

卡內基回答：「節儉。」

那人又問：「現在誰是比你更富有的人？」

卡內基脫口說：「知足的人。」

那人反問：「知足就是最大的財富嗎？」

卡內基想了一下，引用了羅馬哲學家塞尼迦的一句名言回答他：「最大的財富，是無欲。如果你不能對現有的一切感到滿足，那麼縱使你擁有全世界，你也不會幸福。」

生活，需要一定的物質作基礎，但物質的索取必須有一個度。人的需求其實是很低的，我們根本沒有必要讓欲望成為心靈上的一顆毒瘤，讓它禁錮我們的靈魂，將我們的幸福漸漸吞噬。人應該在滿足自己的基本需求的同時，盡可能地抑制住自己的欲望，不讓它無限制地膨脹。

要知道，欲望就像氣球，越大越誘人，但破滅得也越快。只有順其自然的人，才能擁有一份屬於自己的安寧的生活。

叔本華有句名言：「生命是團欲望，欲望不能滿足便是痛苦，滿足了便是無聊，人生就在痛苦和無聊之間搖擺。」這樣看來，要想讓生活過得安寧一點，就應該少一分欲望，這樣即使人生在痛苦和無聊之間搖擺，它的擺幅也不會有多大。

叱吒一世的亞歷山大大帝臨終時，曾吩咐他的部下，不要按照習俗把他的雙手包裹起來，而是要讓他的雙手露在棺材外，讓世人看到他的手中一無所有，以此告誡世人，像他這樣併吞東西兩個世界財富的人，到死的時候，也和任何人一樣，帶不走任何財富。

活著，不需要得到太多。在你爲自己還有很多東西沒有得到而煩惱的時候，用心去想一想上面這些小故事，你就會懂得，安安心心、榮辱不驚地過好自己的日子才是最幸福的。

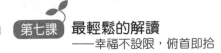

2 知足是一種智慧，常樂是一種境界

古語有云：知足者常樂。知足的人，他的人生必定是快樂的。而那些想要得到更多，不懂得知足的人，卻往往容易陷入悲觀的情緒中而無法自拔。可以這麼說，知足是一種生活的智慧，常樂是一種生活的境界。

有兩個人同時被關在監獄裏，一個人整天想著逃出去，而另一個人則整天悠閒地在牢房裏走來走去：一會兒觀看牆上的斑點，一會兒將被風吹來的樹葉放在嘴唇上輕吹。結果那位一心想著越獄的人最終因爲屢次沒有成功而撞牆自殺，而那位悠閒的人則因爲表現良好而提前幾年從監獄裏走了出來。

爲什麼知足能夠讓一個人變得快樂呢？答案很簡單，因爲知足的人沒有牽絆。舉個例子，在長途旅行中，你會發現，在火車上很悠閒的人往往都是那些「輕裝上陣」的人，而那些左邊提一個包、右邊挎一個包的人，表情往往都很痛苦。從某些方面來說，就相當於下面這個小故事中的蜈蚣一樣，自己把自己給絆住了。不懂取捨，不懂知足，那怎麼能過得好呢？

相傳上帝在創造蜈蚣時，並沒有為牠造腳，牠可以爬得和蛇一樣快。後來，牠看到羚羊、梅花鹿和其他有腳的動物都跑得比牠還快，心裏就很不高興，覺得上帝不公平，為什麼不給自己多造幾隻腳呢？於是，牠向上帝禱告說：「上帝啊！我希望擁有比其他動物更多的腳。」

沒想到上帝竟然答應了牠的請求，把數不清的腳放在蜈蚣面前，任憑牠自由取用。蜈蚣迫不及待地拿起這些腳，一隻一隻地貼在身上，從頭一直貼到尾，直到再也沒有地方可貼了，牠才依依不捨地停止。

牠看了看自己，心想這下可以快步如飛了。但是，牠才往前跑了幾步，就一連翻了幾個跟頭。這時，牠才發覺這些腳很不好控制，除非全神貫注，不然一大堆腳就會相互阻擋。這樣一來，牠走得反而比以前慢了，心情也越來越不好了。

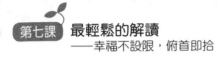

「知足常樂」看似簡單，卻讓我們懂得，幸福就是珍惜眼前，立足現在。從現在起，多看看四周，常仰望一下高遠的天空，你會發現，世界並沒有你想像中的繁雜與鬱悶。讓我們做個擁有生活智慧的人，知足並且常樂。

將知足與智慧等同起來，也許有的朋友會認爲不對。他們覺得，知足就是對生活無所要求、毫無欲望，是一種消極的生活態度，它會使人安於現狀，不思進取。這樣的人，怎麼能算得上是一個擁有智慧頭腦的人呢？其實知足常樂並不等於不思進取。知足常樂是說要以正確平和的心態對待榮辱得失，它強調的是一種心態。試想，長途跋涉時，讓你痛苦的往往不是漫漫長路而是你鞋子裏的那一粒細沙。

人生也是這樣，打敗你的或許並不是外部惡劣的條件，而是你內心的恐懼與憂慮：四面楚歌，讓西楚霸王潰不成軍；空城樓上古琴一曲，令司馬懿止步不前。而知足常樂無疑是一劑心靈的良藥，能夠讓我們達到大敵當前而臨危不亂的境界。

而不懂得知足的人，永遠都是愚蠢的，他的人生也毫無境界可言。香港無線電視臺曾報導：香港有一位富豪，擁有財產約一百億港幣，最後卻因爲貪了區區八十多萬元而被判入獄四年。

如何才能做到知足常樂呢？這也是一個不得不去解決的問題。下面列舉了幾條小建議，大家不妨參考一下。

(1)**喚醒自己的感恩之心**。想像一下，如果你失去現在所擁有的一切，生活將會變成什麼樣子。如果你覺得接受不了失去目前擁有的這一切的現實，那麼，學會感恩，放棄抱怨吧！

(2)**懂得放棄**。人生的旅途中，有很多事情需要我們去做。儘管你可能會有許多機會得到你想要的寶貝，但是它們可能會讓你身心疲憊，從而毀掉你的大好前程。所以，必要的時候，該放棄就得放棄。

(3) **淡然處世**。相信功名利祿皆乃身外之物，從容地面對得失，任何時候，自己感覺到幸福才是第一位的。

3 多一次分享，多一分幸福

每個人都難免會有孤獨與痛苦的時候。但人與動物的區別在於，動物受傷之後會選擇一個誰也發現不了的山洞，自己藏起來養傷；而人在孤獨與痛苦時，則會選擇求助於外界。一個獨立於寒風之中的大橋上，準備用縱身一躍來結束自己生命的人，會因爲旁邊走來一位願意傾聽他故事的陌生人而放棄自殺——這便是分享的力量。

把你的痛苦與別人分享，別人不會感到痛苦，而你則會減少痛苦；把你的歡樂與別人分享，你和別人的歡樂都可以得到倍增。而在生活中，對於物質的分享也有著異曲同工之處。當一個人提著一瓶酒喝的時候，那叫喝悶酒，自己只會越喝越不快樂；而當他與一群朋友喝酒的時候，則會笑顏逐開。

不要以為，只有從別人的身上撈到一點什麼，自己才會快樂。更多的時候，快樂來自於付出。馬克．吐溫曾說過：「悲傷可以自行料理；而歡樂的滋味如果要充分體會，你就必須有人分享才行。」

讀書時，曾聽老師講過一個關於烏鴉的小故事：

樹上落了一隻烏鴉，嘴裏銜著一大塊肉。其他烏鴉看到後便成群飛來，牠們落在牠的周圍，一聲不響，一動不動。那隻嘴裏叼著肉的烏鴉已經很累了，吃力地喘息著，但那塊肉實在太大了，牠無法一口吞下去。牠想把肉放到地上，但是那樣，其他烏鴉就會猛撲過去，和牠爭搶。於是，牠只好停在那兒，保衛嘴裏的那塊肉。

也許是因為嘴裏叼著東西呼吸困難，也許是因為先前被大家追趕，牠已經筋疲力盡，只見牠搖晃了一下，叼著的肉突然掉了下去。於是所有的烏鴉都猛撲了上去。在這場混戰中，一隻非常機靈的烏鴉搶到了那塊肉，立即展翅飛走，其餘的烏鴉緊隨其後——這樣搶到最後，所有的烏鴉都累壞了，而那塊肉還是掉了下去，被兩隻狼碰到了。最後，所有的烏鴉都看著那兩隻狼分享著食物。這時，牠們才恍然大悟：為什麼不大家一塊兒分享呢？

分享不僅包括物質與金錢的分享，也包括思想和情感的分享，甚至還有義務和責任的分享。分享對於人與社會的融合起著很大的作用，它對一個人能否被社會接納、能否適應社會等有著重大的影響。當人們主動與別人分享本屬於自己獨有的一份東西時，當人們提出對雙方同樣有利的建議並付諸行動時，常常能贏得別人的好感，從而爲進一步交往打下基礎。而那些只習慣於獨自享受、自私自利、不顧及別人的利益和感受的人是很難與人相處共事的。

有人說，分享是心靈之光，使人格高尚；分享是品德之美，讓靈魂閃光。人們因爲分享，所以發現了生活的美，而美也反過來感染了人們，啓迪了人們的心靈。此種自然真諦與人生智慧相輔而行的絕妙境界，唯有善於分享者才會有幸覽勝其中。

曾有一個饅頭店的老闆，每天固定出三次籠，蒸一百二十個饅頭：一百個出售，二十個接濟老人和孩子。老闆的生意很好，常常饅頭一出籠就會被搶光。但不論客人如何要求，他從不肯把多出的二十個饅頭出售。

「這是送的，不賣！」老闆微笑著拒絕每一個想要買那二十個饅頭的客人。說著，用夾子把熱乎乎的大饅頭分送給老人和孩子。

在那一刻，老闆黝黑的臉上綻放出的是明亮的光彩。那種動人的親切和笑容，是顧客在其他饅頭店的老闆臉上看不到的。

英國戲劇作家蕭伯納說過：「倘若你有一個蘋果，我也有一個蘋果，而我們彼此交換蘋果，那麼，你和我仍然是各有一個蘋果。但是，倘若你有一種思想，我也有一種思想，而我們彼此交流這些思想，那麼，我們每人將各有兩種思想。」這是在思想方面分享的意義。

植物散發出氧氣，動物才能得以生存；而動物呼出的二氧化碳，又促進了植物的生長。這是自然界彼此分享的美妙。

懂得分享與付出的人，必定是心胸寬廣，對幸福要求不高的人；不懂得分享與付出的人，必定是心胸狹隘，希望抓住全部幸福的人。而心胸寬廣的人，無論走到什麼地方，他的眼前都會豁然開朗；相反，對於心胸狹隘之人，他們敏感得就像人的眼睛，容不得半點沙粒。這樣不懂得鬆手的人，自然只能生活在痛苦之中，無法感受到幸福。

我們說，快樂是一種流動的空氣。當你自私自利時，就相當於關上了自己的心扉，快樂便無法流向你。最後，不但外界的幸福進不來，自身的幸福也被自己給活活困死了，這樣又怎麼能夠過得幸福呢？就好比閉關鎖國政策，怕自己的東西被別人拿去，又如何能夠比別人發展得更好呢？所以，要學會分享，該付出時就盡情地付出吧！

4 越簡單，越幸福——把點滴生活裏最平凡的幸福收集好

生命是一個有趣的過程。當你還是孩子的時候，你會盼望著馬上長大；而當你老去的時候，卻又想回歸童年。如此這般，可以簡約地概括為：簡單——複雜——簡單。孩子的世界是單純的，成人的生活是複雜的，而老人們的生活，卻又是簡單的。

人活一輩子，其實沒必要把自己的生命搞得太複雜，讓自己每天都被一些事情折磨得寢食難安。很多時候，複雜的生活，反而對自己的事業及人生有著不良的影響；而那些過簡單生活，專注於一件事的人，卻往往能得到更多。

魚和熊掌不可兼得，有限的生命旅程，要想有所成就，同時還過得快樂幸福，就必須要學會刪繁就簡。給自己列出一張生命的清單，把人生最重要的目標一項項列出來，並一一去實現它。人生的真諦就在於輕裝前行，生命應該回歸簡單。

回望歷史長河，因為沒有目標最終一事無成者固然很多，但因為目標過多，事事都力求完美，而致「出師未捷身先死，長使英雄淚滿襟」的憾事也不少。這種人雖然有著較強的能力，但因為心氣過高，恨不得自己在每個領域內都有所成就。結果，由於超出了自己的能力

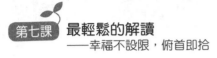

極限，不僅力不從心，諸事不順，還有可能因透支健康而折壽。

簡單可以使人心神寧靜，寧靜則可以使人快樂，而快樂正是生命不斷走向高處的動力。

簡單的事物，總是最美的：蜻蜓因爲簡單而自由；小溪因爲簡單而歡騰；山泉因爲簡單而清澈；快樂因爲簡單而充實；生命因爲充實而璀璨……

簡單地活著，不要同時想著要去做很多事。人生一世，草木一秋，眨眼即過。活得簡單，才會活得快樂；而活得快樂，才算是擁有了幸福的生活。

生活再怎麼平凡，一個能把一家大小的生活都照顧得很好的母親，就已經有足夠的理由值得我們尊敬了。不僅我們需要這樣想，這些默默耕耘的人更需要有這樣的自信。那些不懂得成功藝術的人，通常是那種不懂得從平凡中找出偉大的人。正如菲．貝利所說：「不要光讚美高聳的東西，平原和丘陵也一樣不朽。」

生活中，隨處可見這樣安於平凡的人，他們的人生沒有什麼大起大落，只是每天重複著去做很普通的事情，盡職盡責。或許有人會覺得他們的生活過得很寒酸，但他們自己並不覺得。反而，他們能夠感覺到自己在陽光下，很幸福地生活著。正是這樣的安於平凡，才讓他們令人肅然起敬。

有個小故事是這樣的：

有一天，國王獨自到花園裏散步，看到花園裏所有的花和樹木都枯萎了，園中一片荒涼，國王很吃驚。詢問園丁後才瞭解到，橡樹由於沒有松樹那麼高大挺拔，因此輕生厭世死了；松樹因為自己不能像葡萄藤那樣結出許多果實，於是嫉妒死了；葡萄藤哀嘆自己終日匍匐在架子上，不能直立，不能像桃樹那樣開出可愛的花朵，被氣死了；牽牛花嘆息沒有紫丁香那樣的芬芳，病倒了……所有的花草樹木都因為彼此羨慕、彼此嫉妒而喪失了生命的光彩。

最後，讓國王轉悲為喜的是，細小的安心草還在茂盛地生長。

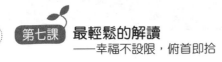

國王看了看平凡得不能再平凡的安心草，問道：「小小的安心草啊，別的植物全都枯萎了，為什麼你卻這麼樂觀堅強、毫不沮喪呢？」

小草回答說：「國王啊，我一點也不灰心失望。因為我知道，如果國王您想要一株榕樹，或是一株松柏、一些葡萄藤、一棵桃樹、一株牽牛花、一棵紫丁香什麼的，您就會叫園丁把它們種上。而我知道，您希望我做小小的安心草。」

一位哲人說：「沒有大煩惱與災禍的日子，就是天大的幸福。」

古希臘的大哲人伊比鳩魯說：「幸福，就是身體的無痛苦和靈魂的無紛擾。」安於平凡，才能像上面小故事中的安心草一樣，沒有煩惱地茁壯成長，將陽光和雨露當作上天對自己的最大恩賜，從而快快樂樂地生活。

做一棵安於平凡的安心草，幸福與成功兩不誤，何樂而不為呢？

延伸閱讀：擁有這十六個小秘方，你的幸福一定來敲門

（1）凝視魚缸。

二十世紀八〇年代的研究就證明凝視魚缸可以減少壓力，從而降低血壓。研究員把催眠術和無魚的魚缸和有魚的魚缸進行了比較。所有這些情況中，凝視各種類別的魚缸都會降低血壓，催生身體的幸福感。

經過證實，即便觀看視頻中的魚也能夠產生治療效果。

（2）穿黃色的衣服。

黃色物體的波長相對來說較長，並具有刺激性。對色彩的研究表明，黃色可以提升樂觀精神、自信心、自尊心、精神力量和友善感，甚至創造力。

穿著亮黃色的衣服，可以讓我們更有精神，更有自尊心，甚至還能帶動我們周圍

的人。因為它也會觸動他們的幸福按鈕。

（3）運用花朵的力量。

最新的研究確定，花朵可能是給數百萬人自認為不是「起早的人」提神的最佳物品。由哈佛大學和麻塞諸塞州綜合醫院帶領的一項行為研究的參與者證實：早些時候，他們的積極感很低，但在清晨第一眼就看到花朵之後，就會感覺更加幸福、更具活力。

（4）喝牛奶。

乳製品富含蛋白質，能夠降低身體對壓力的反應，提升心情，並且增強記憶力。但如果牛奶會影響你的消化系統，那麼可以嘗試每次不要喝太多。

（5）看風景。

研究顯示：與只是面對冰冷的牆壁相比，醫院的病患如果前往戶外風景美麗的房間，在手術後恢復的時間會更短，獲准出院的速度會更快。

這一理論可以這樣理解：如果優美的風景可以幫助病患康復，那麼它當然可以通過提升我們的心情、緩解壓力、提供給我們積極樂觀的精神來幫助我們保持健康。

（6）吃上一小口。

特別的味道可以讓記憶更清晰，戀舊感更強烈。如果它們所喚起的記憶是好的，那麼就會降低你的血壓，提升你的心情。

（7）跳一跳來獲得快樂。

根據研究，跳三十秒鐘可以改善你的心血管健康，降低血壓，令你情緒高漲。你並不需要跳得很快，跳繩的速度就可以完成。

（8）嚼口香糖。

在一項回憶十五個單詞的測試中，嚼口香糖者比沒有嚼的人要多記住二至三個詞。原因何在呢？咀嚼口香糖能給大腦傳遞更多的氧氣和葡萄糖，這不僅會增強你的注意力，而且還能提升你的整體心情和自信心。

（9）做一位舞者。

無論是什麼舞，它們不僅能提高你的肌肉緊實度和身體的協調性，還能增加精力，減少壓力，同時降低血壓。

（10）大聲笑。

觀看情景喜劇或者以說笑為主的喜劇表演、看漫畫、在網上找笑話，或者約個有趣的朋友出去走走……你將會發現自己心情變好了。研究證實，大笑可以緩解像考的索（Cortisol）和腎上腺素這類的壓力荷爾蒙水準。另外，它還能夠促進像內啡肽和神經傳遞素這類的健康荷爾蒙生成。

所有這些都意味著你會擁有一個更強的免疫系統，同時感受更小的壓力反應。即便是假裝的歡笑也能夠傳遞給你一些抗壓力荷爾蒙。

（11）整理雜物。

多數人在置身於混亂狀態中時，都會感覺有壓力，帶有沮喪感。無論這些雜物是成堆的物品還是凌亂的紙張，與雜物有關的壓力都會致使脈搏和血壓高於健康狀態時的水準。同時，壓力荷爾蒙腎上腺素和考的索也會開始它們的不良作用。

（12）結交一位「毛絨絨」的朋友。

飼養寵物者好似看醫生的次數更少，有沮喪感的時候也更少。拜訪寵物店或者去當地的保護動物協會做義工，都會讓你從中得到幸福感。

（13）讓身邊的環境保持安靜的狀態。

噪音會製造一種慢性應激，讓身體進入一種高警戒的狀態。即便你在睡覺，你的身體也會繼續對聲音做出反應，生成壓力荷爾蒙。這些可能會讓心臟和血管產生變化，進而造成高血壓、心臟病甚至中風。

為了讓自己開心並放鬆，你需要在自己的家中創造一個安靜的環境。如果這難以實現，你也可以前往當地的圖書館或者公園，尋找一塊和平之地。

（14）站得高。

對於站直是有一些說法的。根據德國的研究，處於垂直身姿的參與者（與那些身體彎曲的人相比）在觀看一些圖畫，描述個人理解時，他們寫出的內容更具獨到性，更令人振奮。

糟糕的姿勢還會拉伸肌肉、肌腱和韌帶，磨損關節，甚至影響內臟器官的功效。

（15）不要讓心中留有積怨。

一項研究揭示了痛苦的記憶與壓力反應程度（肌電圖、心率、血壓）之間的相互關係。當這些實驗對象在接受鼓勵、抱有寬容的想法時，壓力反應就會減少。

（16）享受陽光的沐浴。

抽時間外出是一個好主意，其實，居住在一個陽光可以進入的明亮的屋子中，也能帶給你非凡的效果。當陽光進入人眼，就會刺激大腦生產血清素。這會促使大腦中眾多化學變化的發生，進而明顯提升心情。

那麼，如果你的房子在背陰的一面呢？你可以把窗子的裏外都擦乾淨，讓房間感覺更明亮，或換上瓦數大的燈管，或者捲起窗簾，讓房間更亮。

哈佛的幸福魔法：哈佛最受歡迎的課程

作者：麥冬
發 行 人：陳曉林
出 版 所：風雲時代出版股份有限公司
地址：105台北市民生東路五段178號7樓之3
風雲書網：http://www.eastbooks.com.tw
官方部落格：http://eastbooks.pixnet.net/blog
信箱：h7560949@ms15.hinet.net
郵撥帳號：12043291
服務專線：(02)27560949
傳眞專線：(02)27653799
執行主編：朱墨菲
美術編輯：吳宗潔

法律顧問：永然法律事務所李永然律師
北辰著作權事務所　蕭雄淋律師
版權授權：馬峰
初版日期：2016年1月

ISBN：978-986-352-158-7

總 經 銷：成信文化事業股份有限公司
地址：新北市新店區中正路四維巷二弄2號4樓
電話：(02)2219-2080

行政院新聞局局版台業字第3595號
營利事業統一編號22759935

定 價：280元

國 家 圖 書 館 出 版 品 預 行 編 目 資 料

哈佛的幸福魔法：哈佛最受歡迎的課程 / 麥冬著. — 初版. — 臺北市 : 風雲時代, 2015.02
面 ;　公分
ISBN 978-986-352-158-7(平裝)
1.幸福 2.生活指導

176.51　　104000776